AI助力教学

让中小学教师工作更高效

黎渝幸 著

化学工业出版社

·北京·

内容简介

本书是一本专为中小学教育工作者设计的实用操作指南，旨在帮助教师利用人工智能技术来优化和解决教学过程和日常工作中遇到的各种问题。本书从教学内容开发、教学支持、班级事务管理、日常教务管理以及学术研究与个人发展等多个维度，围绕中小学教师日常工作的需求设置了58堂课程，每一堂课都聚焦一个具体的教学或管理场景，并提供了切实可行的 AI 应用方法和技巧，确保教师们能学以致用，快速看到效果。

本书不仅适合在职的中小学教师阅读，也是师范院校学生和对教育技术感兴趣的读者不可多得的参考资料。通过学习这些课程，教师们能够更好地适应信息化时代的挑战，创造出更加富有成效且充满活力的学习环境。

图书在版编目（CIP）数据

AI 助力教学：让中小学教师工作更高效 / 黎渝幸著．

北京：化学工业出版社，2025. 3（2025. 11重印）. -- ISBN 978-7-122-47277-9

Ⅰ．G632.0

中国国家版本馆 CIP 数据核字第 20252LU462 号

责任编辑：刘晓婷　　　　　　　　　　　　　　　　责任校对：宋　玮

出版发行：化学工业出版社（北京市东城区青年湖南街13号　邮政编码100011）

印　　装：北京瑞禾彩色印刷有限公司

710mm×1000mm　1/16　印张14½　字数200千字　2025年11月北京第1版第6次印刷

购书咨询：010-64518888　　　　　　　　　　　售后服务：010-64518899

网　　址：http://www.cip.com.cn

凡购买本书，如有缺损质量问题，本社销售中心负责调换。

定　　价：99.00元

前言

在这个日新月异的时代，人工智能（AI）正以前所未有的速度改变着我们的生活。教育领域也不例外，AI技术的应用正在为教学方法和学习体验带来革命性的变化，人工智能的融入也为教育领域带来了新的活力与可能。

随着社会对教育质量要求的日益提高，教师们肩负着更重的责任和使命。他们需要在教学内容的开发上精益求精，在教学支持过程中应对各种复杂情况，高效管理班级事务，妥善处理日常教务，同时还要关注自身的学术研究与个人发展。而AI教师助手的出现，为教师们提供了强大的工具和技术支持。

本书正是在这一背景下诞生的，本书旨在帮助教师了解和掌握AI技术在教育领域的应用，并将其融入日常教学和管理工作中，从而提升教学质量，减轻工作负担，实现个人职业发展。

本书精心设计了58堂课，涵盖了从教学内容开发到班级事务管理，再到日常教务管理和个人职业发展等多个方面，力求全方位地满足中小学教师的实际需求。每一堂"AI课"都旨在解决具体问题或提供实用工具，使教师能够轻松上手，迅速将理论转化为实践。

书中的第一章为教学内容开发，涵盖了从制定教学计划到制作视频素材等多个环节。教师们可以借助AI工具的力量，更高效地整合教学资源、智能编写教案等，从而提升教学内容的质量和吸引力；第二章为教学支持助手，详细地介绍了AI工具在辅助教学中的多种应用，如辅助多语翻译、解答课堂疑惑、智能出题等。这些功能能够帮助教师更好地应对课堂上的突发情况，满足学生的多样化学习需求；第三章为班级事务管理，涉及班级管理的方方面面，从制定班规到高考志愿填报指导，AI工具可以协助教师更便捷地管理班级事务，让班级管理工作更加有序和高效；第四章为日常教务管理，聚焦于学校日常的行政工作，例如智能排课、撰写工作周报等，AI 工具将大大减轻教师在教务管理方面的负担；第五章为学术研究与个人发展，AI 工具为教师的专业成长提供了支持，辅助立项选题、论文润色、职业发展规划等内容将助力教师在学术和个人发展道路上走得更稳更远。

让 AI 工具来担任教师助手是一种教育理念的更新，它为教师们打开了一扇新的窗户，让他们能够看到教育的更多可能性。通过使用这些 AI 工具，教师们可以将更多的时间和精力放在关注学生的个体发展上，为每个学生提供更个性化的教育服务。同时，它也有助于推动教育公平，使不同地区、不同条件的学校都能享受到先进技术带来的便利。

我们需要明确的是，AI 只是辅助教师教学的工具，教师的专业素养、情感投入和教育智慧才是教育过程中不可或缺的核心要素。教师们应在熟练掌握 AI 工具的基础上，充分发挥自身的优势，将 AI 技术与传统教育方法有机结合，创造出更优质的教育环境和教育成果。

尽管本书的编著团队在创作与编审中倾尽全力，但受限于时间和 AI 技术的更新，书中仍可能存在不尽完善之处，我们希望读者朋友能给予理解，并欢迎您提出宝贵的意见，作为我们进步的方向。

目　录

03 **第3章**
班级事务管理 ………………… **97**

04 **第4章**
日常教务管理 ……………… **165**

第1章
教学内容开发

　　AI工具在教学内容开发与课前准备中的应用能够实现教学资源的自动化生成与整合、个性化教学路径的设计、智能教学评估系统的建立等，从而极大地丰富了教学手段与教学资源的储备，提高了备课效率，让教师能够更好地投入到后续的教学工作当中。

01

1.1
制定教学计划

· AI教育导师
· 智能导读
· 知识梳理
· 视频跟学

扫码解锁

AI 工具：360AI 办公

教学计划是教师开展教学工作的指南，也是确保教学质量的关键因素之一。使用 AI 工具来辅助制定教学计划具有高度的适应性和灵活性，在 AI 的帮助下，教育工作者可以制定出适用于各种教学场景的教学计划，让教学活动的规划更加高效和便捷。

操作步骤

在 360AI 办公中使用"教师工作加速器"这个职业工具包，其中的 AI 写作功能可以一键实现教学计划的制定。

第 1 步　打开 360AI 办公

打开 360 浏览器，单击右上角的"360AI 办公"按钮，进入 360AI 办公页面，注册账号并登录，如图 1.1-1 所示。

图1.1-1

第 2 步　选择工具

在页面左侧边栏中，单击"教师工作加速器"按钮，如图 1.1-2所示。然后单击"制定教学计划"按钮，如图 1.1-3 所示。

图1.1-2

图1.1-3

第 3 步 明确主题与类型

在"教学主题"文本框中输入教学主题，在"课程类型"下拉选项框中选择相应的课程，如图 1.1-4 所示。

第 4 步 输入内容提要与生成

在"内容提要"文本框中输入大致的内容提要，然后单击下方"立即生成"按钮或者按 Ctrl+Enter 键，即可开始生成教学计划，如图 1.1-5 所示。

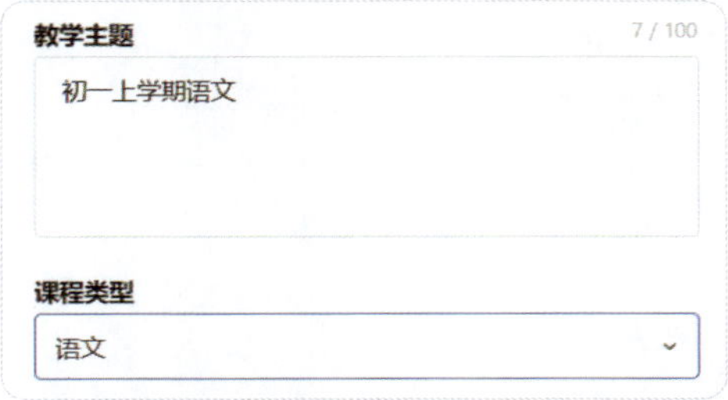

教学主题	7 / 100

初一上学期语文

课程类型

语文　∨

图1.1-4

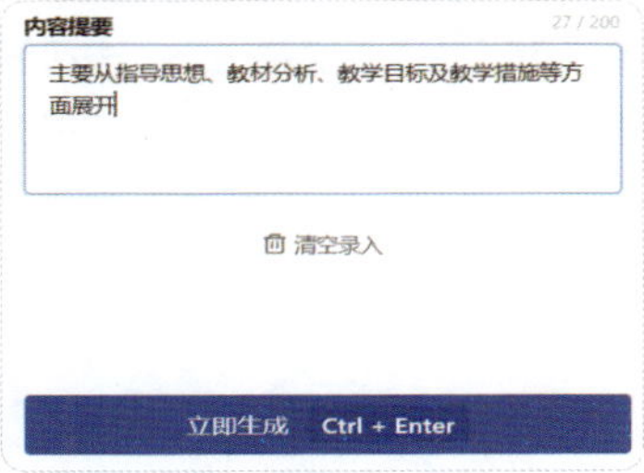

内容提要	27 / 200

主要从指导思想、教材分析、教学目标及教学措施等方面展开

🗑 清空录入

立即生成　Ctrl + Enter

图1.1-5

Tips

用户可以根据自身需求和不同的课程类型来输入内容提要。

第 5 步 生成与查看

生成教学计划之后，可以在页面内进行查看。单击生成结果右下方的"复制"按钮，可以对教学计划的内容进行复制，如图 1.1-6、图 1.1-7 所示。

初一上学期语文教学大纲

教学目的
1. 培养学生的语言文字运用能力，提高阅读、写作、口语交际的能力。
2. 激发学生对祖国语言文字的热爱，增强文化自信。
3. 发展学生的思维能力，培养良好的学习习惯和方法。

教学要求
1. 学生需按时完成课前预习，课堂笔记和课后作业。
2. 积极参与课堂讨论，勇于表达自己的观点。
3. 掌握一定的自主学习能力，能够独立查阅资料，拓展知识面。

图1.1-6

教学内容

1. **识字与写字**

   - 掌握本册书要求的生字词，正确书写并能够在实际中应用。

   - 提高汉字书写规范性，养成良好的书写习惯。

2. **阅读**

   - 理解课文主要内容，能复述故事情节。

   - 学会从文中提取重要信息，进行简单的分析和评价。

   - 掌握精读和略读的方法，逐步提高阅读速度和效率。

图1.1-7

> **Tips**
>
> 如有需要，用户可以将复制的教学计划内容粘贴到 Word 里面，重新修改内容与调整格式后再使用。
>
> 随着技术的不断进步和用户需求的变化，AI 类工具通常会不断进行更新迭代。在此过程中，其界面设计可能会为了提高用户体验、更加美观易用而发生变化。教师可以定期查看 AI 类工具的官方网站、社交媒体账号或用户论坛，了解最新的更新动态。这样可以在变化发生之前就有所准备，提前了解新功能的特点和优势。

1.2
整合教学资源

AI 工具：豆包

优质的教学资源可以为教师提供更多的教学素材和灵感，也可以帮助教师更好地组织教学内容。AI 工具可以帮助教师整合教学资源，它能高效地梳理海量教学资料，节省教师的时间和精力，同时还能实现精准推荐和有机整合，优化资源配置，为教师提供更科学的教学决策依据。

操作步骤

豆包可以辅助教师进行教学资源的整合，只需要在对话框中提出相应的指令，豆包就能快速进行资料的搜索与推荐，同时还能按需求生成图片资源。

第 1 步　注册与登录

进入豆包首页，注册账号并登录，如图 1.2-1 所示。

图1.2-1

Tips

目前，大多数 AI 工具都有网页版、客户端版和手机端 APP，教师可以根据自身需求选择更合适的端口。

第2步 输入提示词

在对话框中输入与搜索课程教学资源相关的提示词，单击右侧箭头按钮或者按 Enter 键发送，如图 1.2-2 所示。

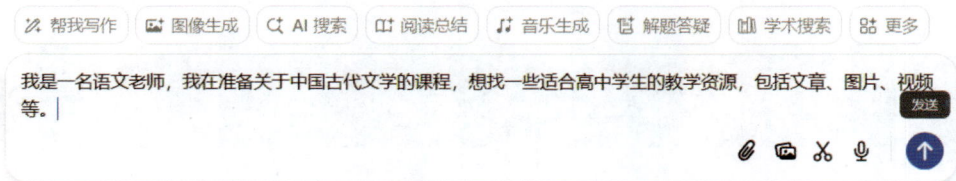

图1.2-2

第3步 生成与查看

生成教学资源之后，可以在页面内进行查看，如图 1.2-3、图 1.2-4 所示。

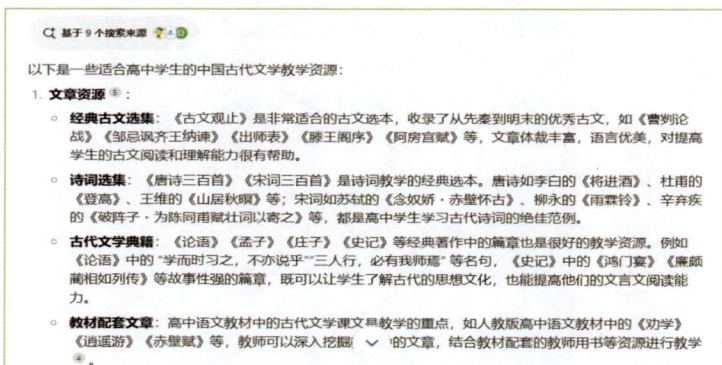

图1.2-3

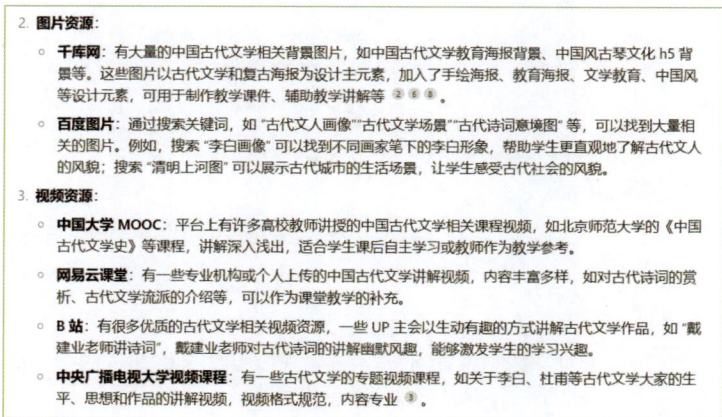

图1.2-4

第 4 步 **查看搜索来源**

单击生成结果上方的按 Q 钮，可以查看这些资源的搜索来源，如图 1.2-5 所示。

图1.2-5

在弹出的页面中，单击两侧的箭头按钮，可以依次选择搜索来源链接，单击相应的链接按钮，即可跳转到来源网页，如图 1.2-6 所示。

图1.2-6

Tips

单击生成的文本右上角的数字标记，也可以跳转到相应的网页，如图 1.2-7 所示。

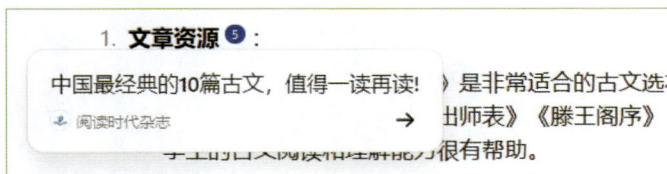

图1.2-7

第5步 深入搜索

单击生成结果下方的"深入搜索"按钮，如图 1.2-8 所示。

图1.2-8

随后，可以看到生成结果中出现了更多的搜索来源，如图 1.2-9 所示。

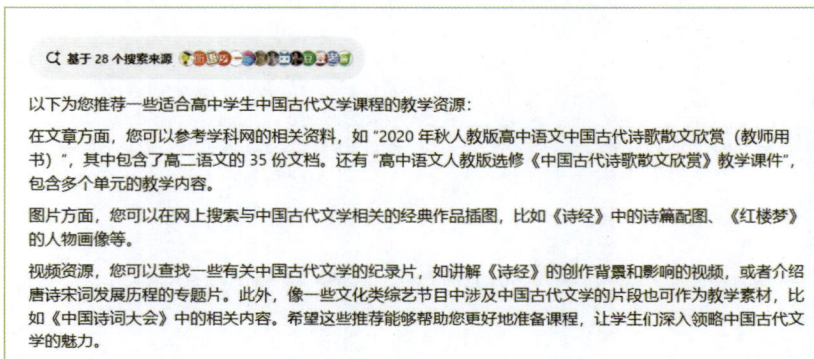

Q 基于 28 个搜索来源

以下为您推荐一些适合高中学生中国古代文学课程的教学资源：

在文章方面，您可以参考学科网的相关资料，如"2020 年秋人教版高中语文中国古代诗歌散文欣赏（教师用书）"，其中包含了高二语文的 35 份文档。还有"高中语文人教版选修《中国古代诗歌散文欣赏》教学课件"，包含多个单元的教学内容。

图片方面，您可以在网上搜索与中国古代文学相关的经典作品插图，比如《诗经》中的诗篇配图、《红楼梦》的人物画像等。

视频资源，您可以查找一些有关中国古代文学的纪录片，如讲解《诗经》的创作背景和影响的视频，或者介绍唐诗宋词发展历程的专题片。此外，像一些文化类综艺节目中涉及中国古代文学的片段也可作为教学素材，比如《中国诗词大会》中的相关内容。希望这些推荐能够帮助您更好地准备课程，让学生们深入领略中国古代文学的魅力。

图1.2-9

Tips

如有需要，用户还可以单击生成结果下方的其他提示词模板，这些模板会提供一些与主题相关的资源链接，如图 1.2-10 所示。

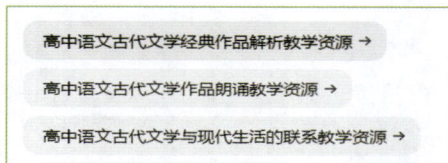

高中语文古代文学经典作品解析教学资源 →

高中语文古代文学作品朗诵教学资源 →

高中语文古代文学与现代生活的联系教学资源 →

图1.2-10

第6步 重新生成

如果想要重新生成内容，鼠标左键单击"重新生成"按钮即可，如图 1.2-11 所示。

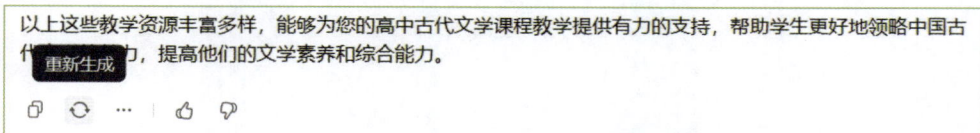

以上这些教学资源丰富多样，能够为您的高中古代文学课程教学提供有力的支持，帮助学生更好地领略中国古代文学的魅力，提高他们的文学素养和综合能力。

重新生成

图1.2-11

第 7 步　生成图片资源

除了根据豆包整合的网站去搜索图片外，用户也可以借助豆包本身的图像生成功能来生成图片资源。在首页的对话框中输入与生成插图有关的提示词并发送，随后便能在页面中看到生成的图片，如图 1.2-12 所示。

图1.2-12

Tips

　　如有需要，教师可以借助 AI 工具的图像生成功能来生成一些与课程有关的意境图或者概念图，帮助学生更好地理解课本内容。

1.3
智能编写教案

AI 工具：豆包

　　教案是教师对一节课的教学目标、教学内容、教学方法、教学步骤等进行全面规划的文档。它有助于教师清晰地规划每一堂课的教学流程，确保教学活动有序进行。教师可以借助 AI 的力量来编写教案，这样不仅能提高教师的工作效率，还能增强教学效果，使教育更加个性化和高效。

操作步骤　　　豆包可以根据教师提供的主题生成详细的教学大纲，同时还能自动搜集和整理相关的教学资源，包括最新的研究成果、多媒体素材和互动案例，让教案更加丰富生动。

第1步 选择工具

进入豆包首页，单击"帮我写作"按钮，如图 1.3-1 所示。

你好，用户1

准备好了吗？我随时可以开始哦！　　　　　　　　　　🎓 豆包大学生激励计划 →

🔍 **AI 搜索**　　　　　　　　　　　　　　✍️ **帮我写作**
　　实时资讯，丰富信源，整合搜索　　　　　　　多种体裁，润色校对，一键成文

图1.3-1

在跳转的页面中单击"教案"按钮，如图 1.3-2 所示。

全部　工作　学习/教育　日常生活　商业营销　文学艺术　回复和改写
打造吸睛的小红书内容　精心设计的朋友圈文案　撰写吸引眼球的微博　编织触动心灵的故事

📕 **方案策划**　　📙 **评语**　　📘 **教案**　　📒 **小说**
量身定制各种方案　精准撰写个性化评语　打造多样化的教学方案　创作引人入胜的小说

图1.3-2

第 2 步 补充信息

此时，页面底部的对话框中会自动填入一部分提示词，教师只需将"年龄学段"和"课程名称"部分的信息补充完整，如图 1.3-3 所示。

帮我写一份教案，授课对象是 年龄学段 ，主题是 [课程名称] 。　🎤　⬆

图1.3-3

输入学段和课程名称，单击右侧箭头按钮进行发送，如图 1.3-4 所示。

帮我写一份教案，授课对象是 **小学生** ，主题是 《桂林山水》 。　🎤　⬆

图1.3-4

第 3 步 生成与查看

生成教案之后，可以在页面内进行查看，如图 1.3-5、图 1.3-6 所示。

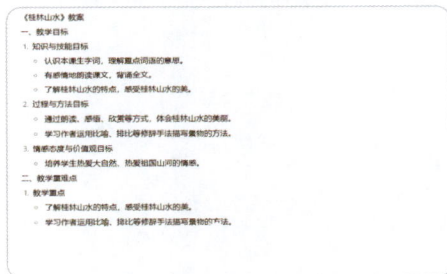

图1.3-5

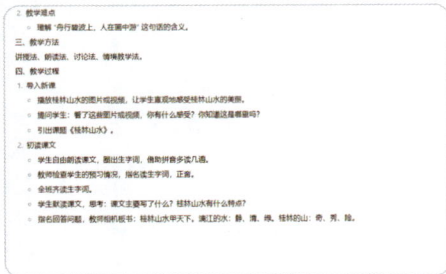

图1.3-6

> **Tips**
>
> 　除了选择"教案"工具来生成教案，教师也可以在豆包首页的对话框中直接输入提示词来生成教案。

第 4 步 调整优化

如果想要对生成的教案内容进行调整和优化，可以单击"调整"按钮，如图 1.3-7 所示。

五、教学反思

通过本节课的教学，学生对桂林山水的特点有了更深刻的认识，同时也学会了运用比喻、排比等修辞手法描写景物的方法。在教学过程中，我注重引导学生朗读、感悟、欣赏，让学生在轻松愉快的氛围中学习语文。但是，在教学中也存在一些不足之处，比如，对学生的评价不够及时、准确，教学时间的把握不够精准等。在今后的教学中，我将不断改进自己的教学方法，提高自己的教学水平。

图1.3-7

在弹出的选项框中，单击"更加简洁"按钮，可以对教案内容进行缩写，如图 1.3-8 所示。

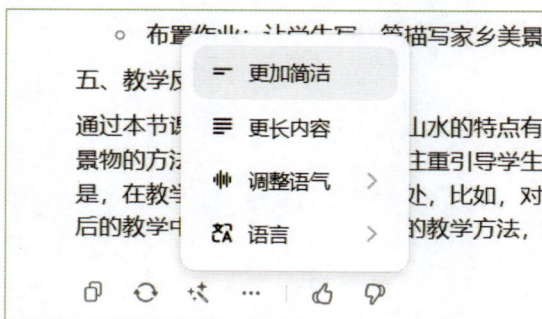

图1.3-8

Tips

教师可以根据需求来调整教案的内容，包括扩写、调整语气等。

第5步 翻译教案

如有需要，教师还可以借助豆包的翻译功能来对整个教案进行一键翻译。在"调整"按钮中单击"语言"按钮，然后单击"English"按钮，如图 1.3-9 所示。

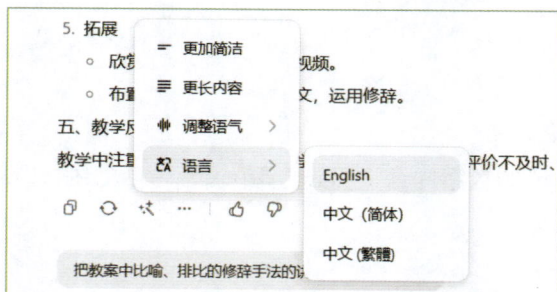

图1.3-9

随后，可以在页面中查看翻译后的教案内容，如图 1.3-10 所示。

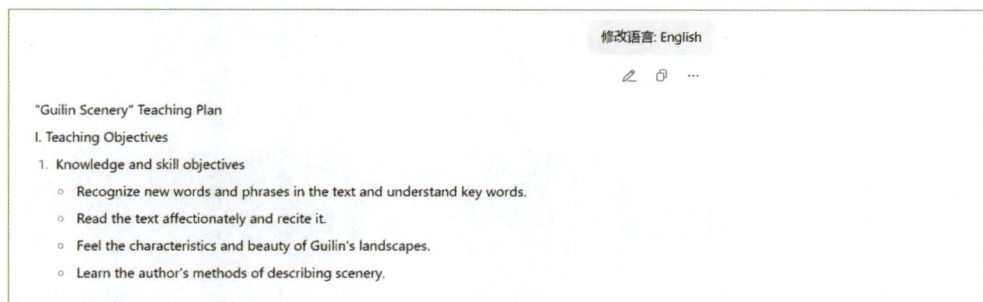

修改语言: English

"Guilin Scenery" Teaching Plan

I. Teaching Objectives

1. Knowledge and skill objectives

　○ Recognize new words and phrases in the text and understand key words.

　○ Read the text affectionately and recite it.

　○ Feel the characteristics and beauty of Guilin's landscapes.

　○ Learn the author's methods of describing scenery.

图1.3-10

> **Tips**
>
> 　　将语言切换成英文后，依然可以对英文版的教案进行调整和优化，参考之前的优化步骤即可，如图 1.3-11 所示。

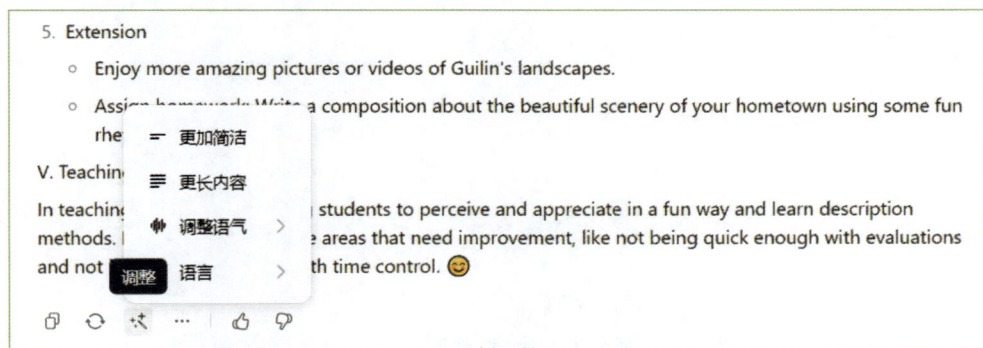

5. Extension

　○ Enjoy more amazing pictures or videos of Guilin's landscapes.

　○ Assign homework: Write a composition about the beautiful scenery of your hometown using some fun rhe

V. Teaching

更加简洁

更长内容

调整语气 >

调整　语言 >

In teaching　students to perceive and appreciate in a fun way and learn description methods.　areas that need improvement, like not being quick enough with evaluations and not　th time control. 😊

图1.3-11

1.4
一键生成课件

AI 工具：AiPPT

　　PPT 课件是教师工作中不可或缺的重要工具，它可以通过多媒体和技术手段，帮助教师更好地组织课程内容，提升教学效率。使用 AI 工具一键制作 PPT 课件能够极大地简化教师的工作流程，AI 工具可以根据教师提供的课程主题自动生成具有专业外观的幻灯片或教学材料，同时还能保证内容的逻辑性和视觉的一致性。

操作步骤　　AiPPT 可以根据教师输入的课件主题智能生成大纲内容，教师只需要选择模板、对文本内容进行检查和编辑，即可快速完成课件的制作。

第 1 步 注册与登录

进入 AiPPT 首页，注册账号并登录，如图 1.4-1 所示。

图1.4-1

第 2 步 输入课程主题

单击"AI 智能生成"按钮，在对话框中输入课程主题的提示词，然后单击右侧箭头按钮或者按 Enter 键发送，如图 1.4-2 所示。

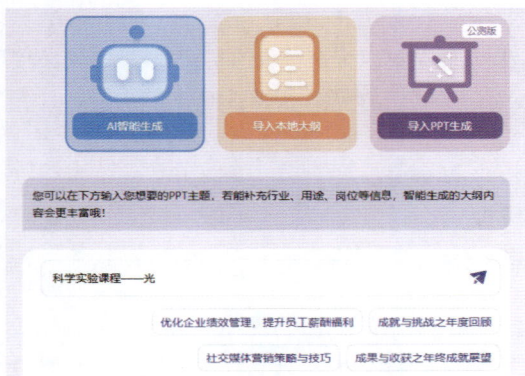

图1.4-2

Tips

在输入课程主题或主要内容时，信息越详细，生成的大纲内容也会更丰富。

第 3 步 生成与编辑大纲

随后，AI 工具会根据主题生成内容大纲。教师可以对大纲内容进行浏览，如图 1.4-3 所示。

图1.4-3

单击文字区域，可以对大纲内容进行编辑，如图 1.4-4 所示。

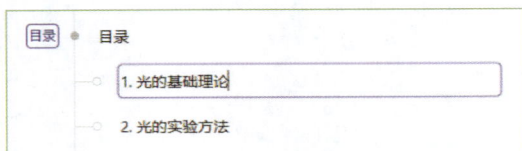

图1.4-4

在浏览大纲时，教师可以根据课程的实际需求来修改大纲内容。如果对大纲整体结构不满意，单击 换个大纲 按钮，即可重新生成大纲。

第 4 步 选择模板

在跳转的模板选择页面中，对模板场景、设计风格、主题颜色等进行选择，如图 1.4-5 所示。

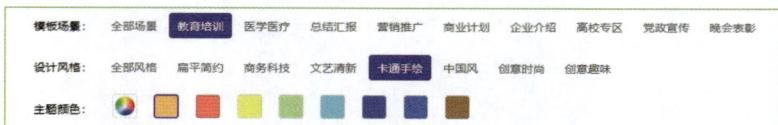

图1.4-5

选择完场景、风格和颜色后，在出现的模板库中选择想要的模板，然后单击"生成 PPT"按钮，如图 1.4-6 所示。

图1.4-6

第 5 步 预览课件

生成 PPT 以后，可以先进行预览，单击相应的缩略图，即可在页面左侧看到该页面的详细内容，如图 1.4-7 所示。如果想要直接下载该课件，单击"下载"按钮即可；如果想要在线对课件进行编辑，单击"去编辑"按钮。

图1.4-7

> **Tips**
>
> 　　教师可以根据自身需求来决定是否要在线编辑生成的课件，如果没有选择在线编辑，也可以将下载好的课件导入到 PowerPoint 等软件中进行编辑。

第 6 步　**在线编辑课件**

　　进入编辑页面后，框选住单页中的文字或者图片，可以手动对其进行调整，例如修改字体颜色、大小等；单击左侧的操作按钮，可以对课件进行大纲编辑、模板替换或者插入元素等操作，如图 1.4-8 所示。

图1.4-8

　　如果想要调整单页布局样式，可以选中该单页，然后在弹出的布局样式页面中选择想要更换的样式，如图 1.4-9 所示。

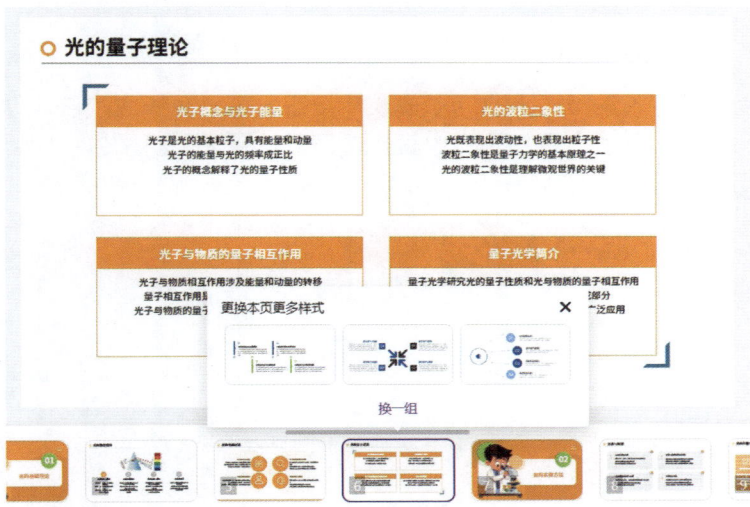

图1.4-9

> 如果对提供的可供更换的单页样式不满意，单击"换一组"按钮即可。

第7步 智能创作助手

在编辑课件时，使用 AiPPT 的创作助手可以让编辑更加轻松、智能。选中想要编辑的文本，单击页面中的 [Ai] 按钮，在对话框中单击想要的提示词（帮我润色、丰富内容、翻译英文等），即可对该文本实现智能编辑，如图 1.4-10 所示。

图1.4-10

第8步 放映与下载

编辑完成后，单击页面上方的"放映"按钮，可以在线放映该课件，以查看整体效果；单击"下载"按钮，可以导出该课件；单击"拼图"按钮，可以以拼图格式导出该课件，如图 1.4-11 所示。

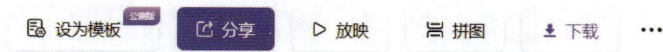

图1.4-11

1.5
文档生成课件

AI 工具：WPS AI

　　AI 工具除了能够一键生成完整的 PPT 课件外，还可以通过处理现有文档来生成或转换成适合教学使用的课件。AI 可以读取并理解输入的文档内容，包括教材、教案大纲、教辅资料、研究报告等，然后提取出关键概念、知识点和结构框架，生成可供使用的课件。

操作步骤

　　AiPPT 可以根据教师输入的课件主题智能生成大纲内容，教师只需要选择模板、对文本内容进行检查和编辑，即可快速完成课件的制作。

第 1 步　唤起 WPS AI

打开 WPS 软件，注册账号并登录，新建演示文稿，如图 1.5-1 所示。

图1.5-1

在跳转的页面中单击"AI 生成 PPT"，如图 1.5-2 所示。

图1.5-2

第 2 步 上传文档

在弹出的页面中单击"上传文档"按钮，然后单击"选择文档"按钮，上传文档或者思维导图，如图 1.5-3 所示。

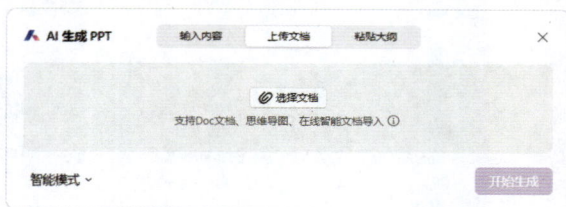

图1.5-3

> **Tips**
>
> WPS AI 也支持通过粘贴大纲来生成课件，可根据自身需求进行选择。
> 单击页面上方菜单栏中的"WPS AI"选项卡也可以唤起 WPS AI，随后单击"文档生成 PPT"按钮即可开始上传文档，如图 1.5-4 所示。

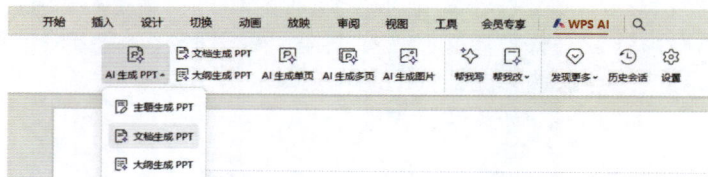

图1.5-4

第 3 步 选择 PPT 生成偏好

根据需求选择想要的 PPT 生成方式，选择"智能润色"或"保持原文"，然后单击"下一步"按钮，如图 1.5-5 所示。

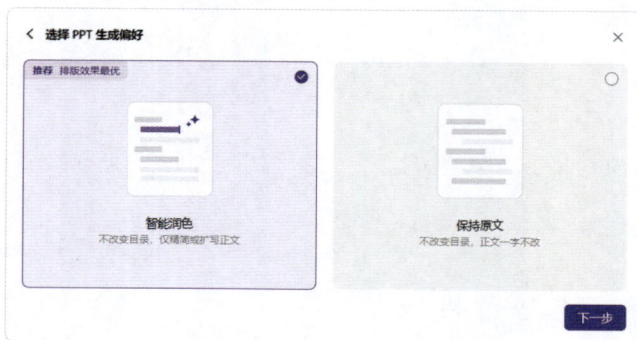

图1.5-5

> **Tips**
>
> "智能润色"方式会在生成大纲时对文档结构进行智能优化，"保持原文"方式则会基本保持文档的原文结构。

第 4 步　生成和编辑大纲

随后，AI 工具会根据上传的文档生成内容大纲。单击文字区域，可以对大纲内容进行编辑，编辑完成后，单击"挑选模板"按钮，即可开始选择模板，如图 1.5-6 所示。

图1.5-6

第 5 步　选择模板

在弹出的模板页面中浏览和选择模板，单击符合需求的模板，然后单击"创建幻灯片"按钮即可，如图 1.5-7 所示。

图1.5-7

> **Tips**
>
> 如果在这一步中没有发现合适的模板，可以先创建幻灯片，后续再对模板进行调整。

第 6 步 编辑课件

PPT 创建完成后，可以在页面内逐页浏览，并对内容（文字及图片）进行编辑，如图 1.5-8 所示。

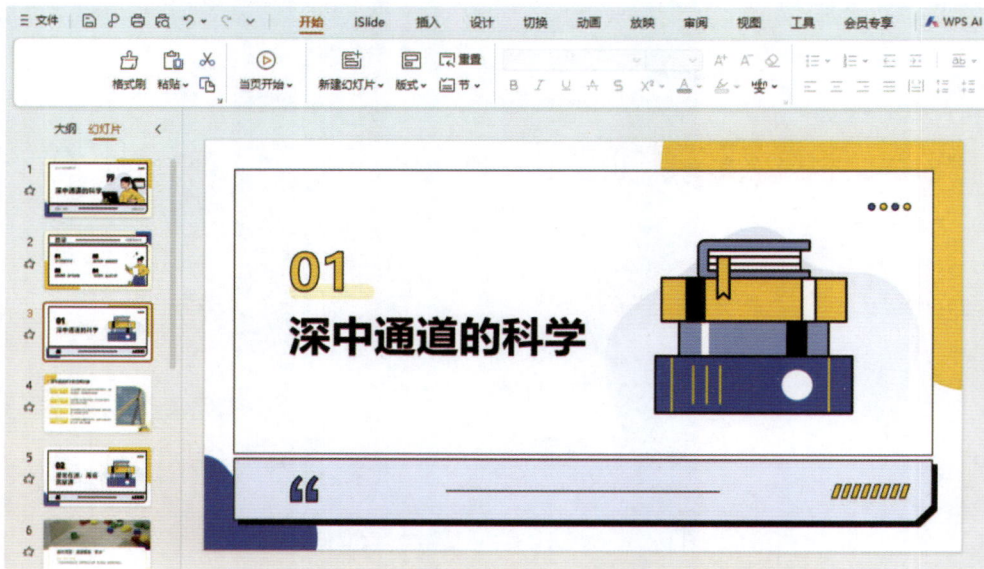

图1.5-8

第 7 步 美化课件

在菜单栏中单击"设计"选项卡，然后单击"更多主题"按钮，在弹出的主题方案页面中单击想要的主题，即可为整个 PPT 更换主题模板，如图 1.5-9、图 1.5-10 所示。

图1.5-9

图1.5-10

Tips

教师可以参考此步骤，对课件的配色、字体以及单页布局样式等进行美化，只要单击"设计"选项卡中的"配色方案""统一字体"或者"单页美化"按钮即可。

第 8 步　放映与保存

单击"放映"选项卡，然后单击"从头开始"按钮，即可开始放映课件，如图 1.5-11 所示。

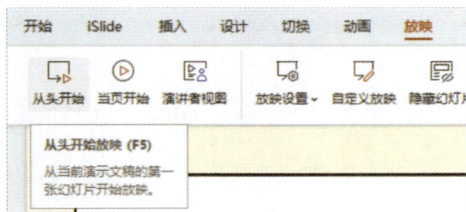

图1.5-11

Tips

按 Shift+F5 键可以进行快捷放映。

单击"保存"按钮可以将课件保存至本地，如图 1.5-12 所示。

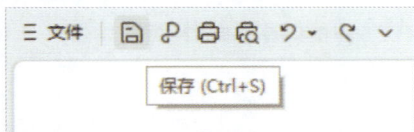

图1.5-12

1.6

图片生成课件

AI 工具：百度文库

　　目前，有部分 AI 工具支持用图片或者照片生成 PPT 课件，这项功能同样能够显著提升教学资料的制作效率。自动化的图片转换功能让教师可以快速地将视觉素材转化为结构化的演示文稿，省去了手动设计布局和排版的时间，这种方式为教师提供了更灵活、高效的备课手段，同时也优化了学生的课堂体验。

操作步骤　　百度文库的智能助手能够根据图片内容自动生成结构清晰、设计专业的演示文稿课件，同时还能根据文本内容智能地添加配图和文字说明。

第 1 步　注册与登录

进入百度文库首页，注册账号并登录，如图 1.6-1 所示。

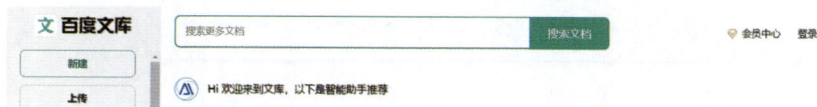

图1.6-1

第 2 步　选择功能

在智能助手面板中单击"AI 辅助生成 PPT"按钮，如图 1.6-2 所示。

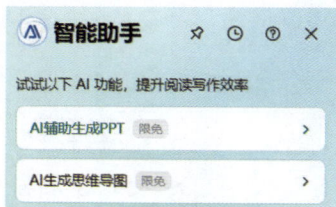

图1.6-2

在弹出的对话框中单击"上传图片生成 PPT"按钮，如图 1.6-3 所示。

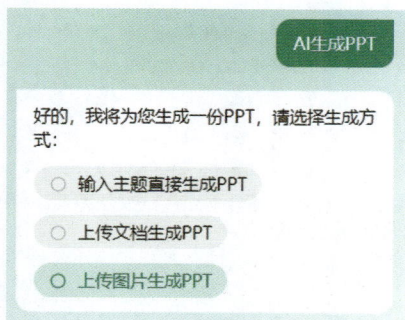

图1.6-3

第 3 步　上传图片

在弹出的页面中单击"上传图片"按钮，上传需要生成 PPT 课件的图片，如图 1.6-4 所示。

仅支持png、jpg、jpeg、webp格式图片，单个图片大小不超过1M

您上传的图片仅供本次生成ppt使用，未经您的许可不会挪作他用

图1.6-4

Tips

上传图片前，可以仔细阅读页面下方关于图片格式、大小的说明，以保证上传成功。

第 4 步　生成和编辑大纲

随后，AI 工具会根据上传的图片生成内容大纲。单击"编辑"按钮或者直接单击文字区域，可以对大纲内容进行编辑，编辑完成后，单击"生成 PPT"按钮，即可开始选择模板，如图 1.6-5 所示。

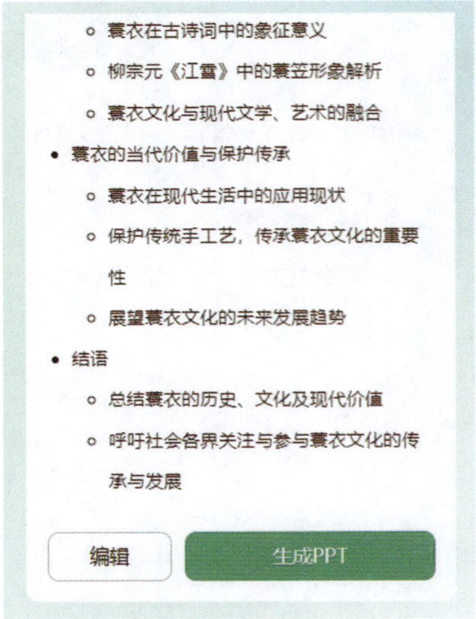

图1.6-5

第5步 选择模板

在弹出的模板页面中浏览和选择模板，单击符合需求的模板，然后单击"继续生成"按钮即可，如图 1.6-6 所示。

图1.6-6

Tips

在百度文库中，有部分模板需要开通会员之后才能使用。

第6步 在线编辑课件

生成 PPT 课件以后，可以在页面内逐页浏览，并对内容（文字及图片）进行编辑，如图 1.6-7 所示。

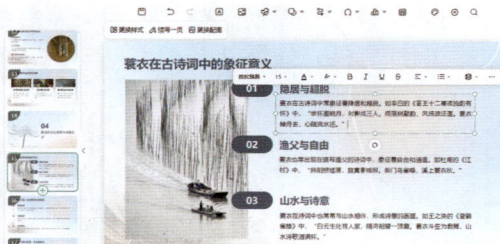

图1.6-7

第 7 步　美化课件

单击位于页面上方的"更换主题"按钮，可以更换主题模板，如图 1.6-8 所示。

图1.6-8

选中某一单页，单击"更换样式"按钮，然后在右侧对话框中单击想要的布局样式，即可完成更换，如图 1.6-9、图 1.6-10 所示。

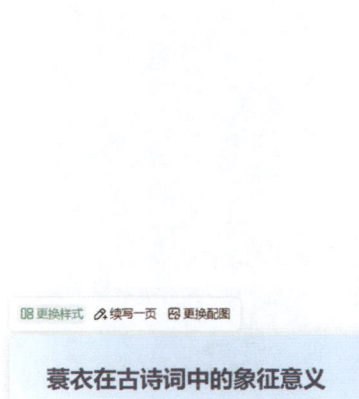

图1.6-9

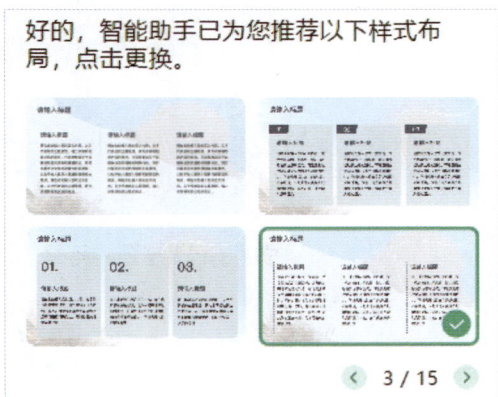

图1.6-10

Tips

在选择布局样式时，可以单击下方的箭头按钮来查看更多的样式。

选中某一单页中的配图，单击"更换配图"按钮，然后在右侧对话框中单击想要的图片，即可完成配图的更换，如图 1.6-11、图 1.6-12 所示。

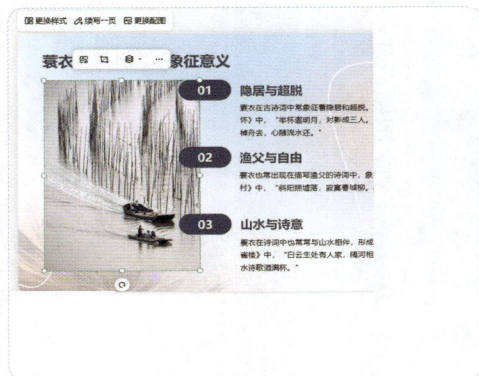

图1.6-11

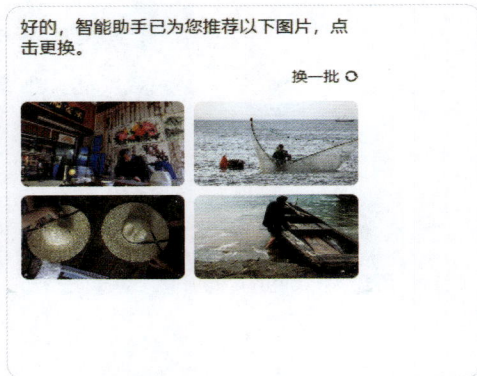

图1.6-12

第 8 步 **在线编辑课件**

如果想要插入一页内容，可以使用"续写一页"的功能来智能生成单页。选中某一单页，单击"续写一页"按钮，如图 1.6-13 所示。

图1.6-13

在右侧对话框中输入插入的主要内容，然后单击箭头按钮或者按 Enter 键发送，如图 1.6-14 所示。

图1.6-14

随后，可以看到 AI 工具根据输入的主要内容生成了新的单页，单页内容中不仅包括文字与图片，还自动进行了排版布局，如图 1.6-15 所示。

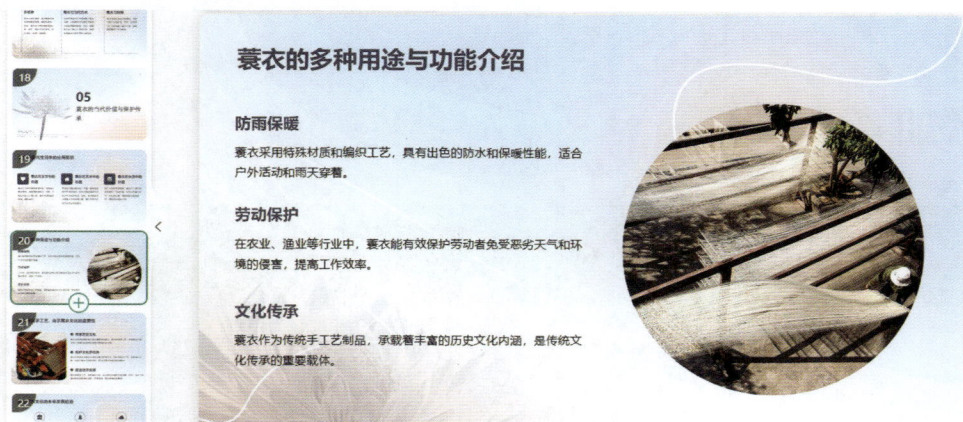

图1.6-15

第 9 步　下载课件

编辑完成之后，单击页面底部的"下载 PPT"按钮，即可导出该课件；单击"转 pdf"按钮，可以将课件以 PDF 格式导出，如图 1.6-16 所示。

图1.6-16

Tips

在使用 AI 工具生成 PPT 之后，最好还是由教师或内容创作者进行一次全面的审查和必要的修改，以确保最终的课件质量。

1.7
添加教学工具

AI 工具：WPS

　　教学工具是 WPS 为教育场景推出的一系列功能插件，它可以为教师提供教学必备的效率工具与交互式学科资源，从而使 PPT 课件内容的呈现方式多样化，增加内容的趣味性，提升学生兴趣。这些工具和模板可以帮助教师快速地创建出专业的教学资料，可以有效帮助教师节省备课时间。

操作步骤 ｜　　WPS 的教学工具中包含了备课、试卷助手、课堂活动、知识导图等模板或插件，教师只需要根据需求选择想要的模板或插件添加到课件中即可。

第 1 步　选择工具

　　打开 WPS 软件，新建演示文稿，在"教学工具"选项卡中单击"古诗词"按钮，如图 1.7-1 所示。

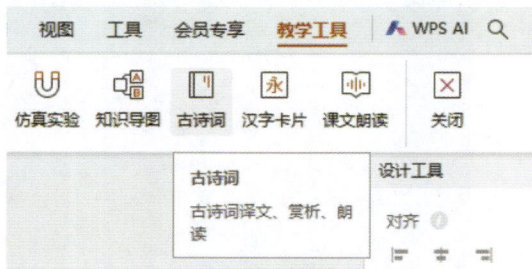

图1.7-1

Tips

　　如果一开始没有出现"教学工具"选项卡，可以先单击"工具"选项卡，然后再单击"教学工具"按钮即可，如图 1.7-2 所示。

图1.7-2

第 2 步　选择学段

在左侧边栏中可以进行学科导航，单击 ◎ 按钮，选择学段，如图 1.7-3 所示。

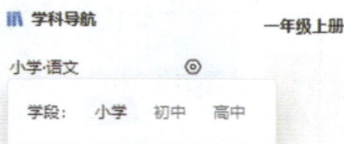

图1.7-3

第 3 步　选择古诗词

在出现的古诗词中选择想要添加到课件中的古诗词，单击"立即使用"按钮，如图 1.7-4 所示。

图1.7-4

随后，可以看到古诗词模板已经添加到了课件当中，如图 1.7-5 所示。

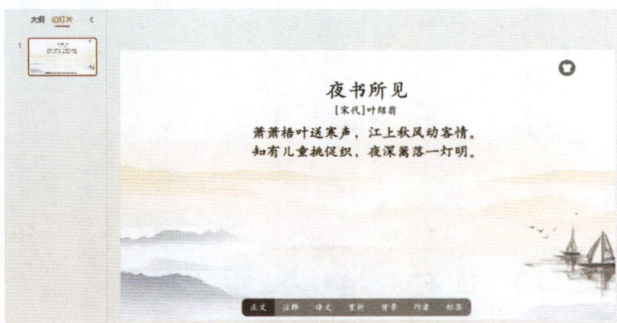

图1.7-5

第 4 步 放映幻灯片

添加完成的模板需要在放映幻灯片时才能使用,按 Shift+F5 键或者单击缩略图中的 ▶ 按钮,可以进入幻灯片放映,如图 1.7-6 所示。

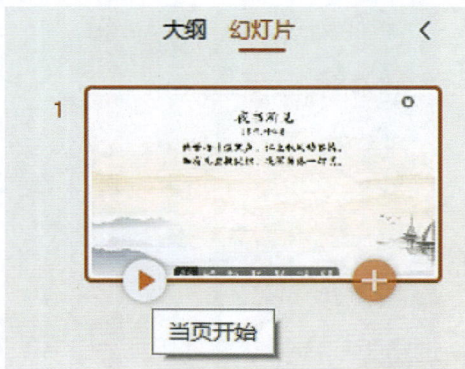

图1.7-6

第 5 步 使用模板

在放映页面中,单击页面底部的操作按钮,可以分别查看该首古诗词的正文、注释、译文、赏析、背景、作者和标签,如图 1.7-7 所示。

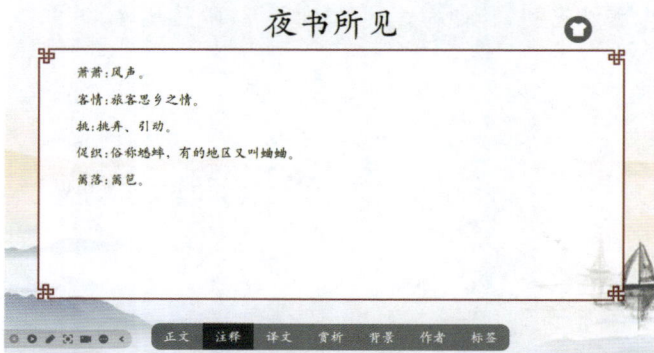

图1.7-7

单击 按钮，可以对古诗词进行朗读，如图 1.7-8 所示。

正文　注释　译文　赏析　背景　作者　标签

图1.7-8

单击 按钮，可以更换页面背景，如图 1.7-9 所示。

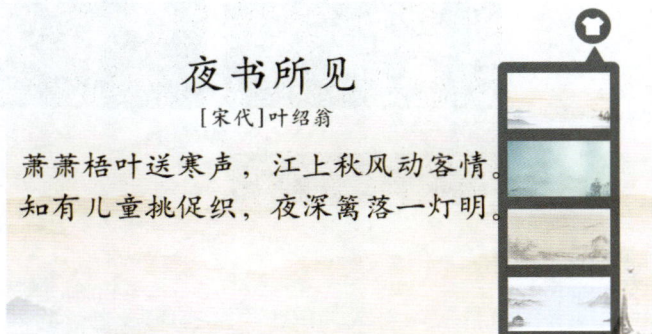

夜书所见

[宋代] 叶绍翁

萧萧梧叶送寒声，江上秋风动客情。
知有儿童挑促织，夜深篱落一灯明。

图1.7-9

> **Tips**
>
> 　　放映幻灯片时，如有需要，可以单击底部左侧的操作按钮来进行绘制墨迹、录屏、添加演讲备注等操作，如图 1.7-10 所示。

墨迹画笔

图1.7-10

第 6 步　添加其他教学工具

　　参考上述步骤，为课件添加仿真实验教学工具。单击"教学工具"选项卡下的"仿真实验"按钮，如图 1.7-11 所示。

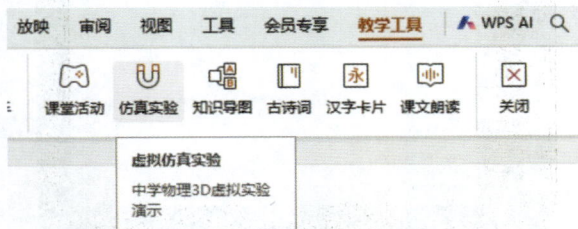

放映　审阅　视图　工具　会员专享　**教学工具**　WPS AI

课堂活动　仿真实验　知识导图　古诗词　汉字卡片　课文朗读　关闭

虚拟仿真实验
中学物理3D虚拟实验
演示

图1.7-11

选择"练习温度计的使用"这个实验模板，如图 1.7-12 所示。

图1.7-12

第7步 使用模板

添加完成后，进入幻灯片放映模式。单击页面右下角的"更多"按钮，然后单击"简介"按钮，如图 1.7-13 所示。

图1.7-13

随后，可以在弹出的简介页面中查看实验介绍与操作步骤，如图 1.7-14 所示。

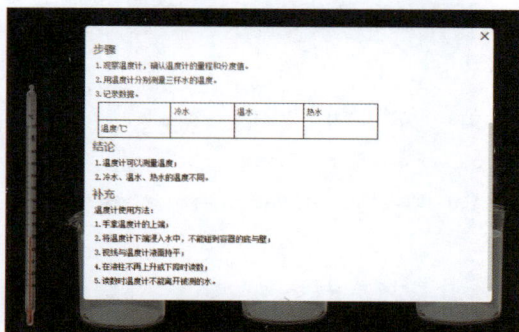

图1.7-14

如果想要查看更直观的步骤说明，可以单击"视频"按钮，查看视频教程，如图 1.7-15 所示。查看完教程之后，按照操作步骤来使用该模板进行教学即可。

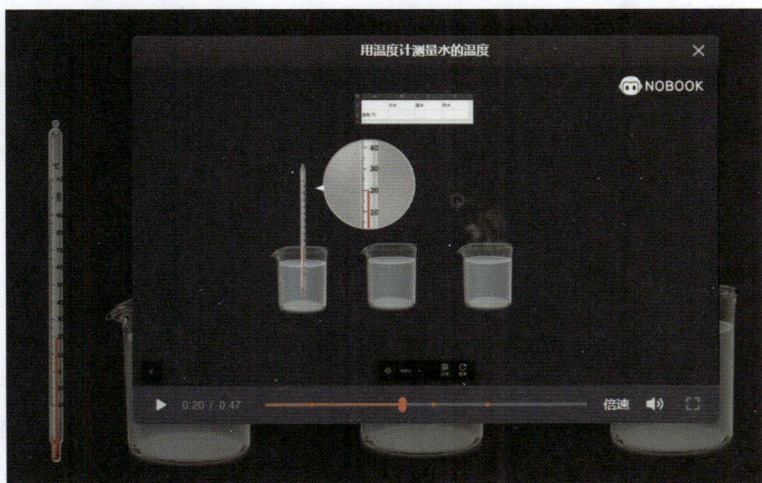

图1.7-15

Tips

在仿真实验和知识导图这样的教学工具中，操作步骤会根据课程类型的不同而出现变化，教师在使用前可以先查看每个课程模板中的提示或简介。

1.8
生成思维导图

AI 工具：TreeMind 树图

思维导图对于教学工作来说有着重要的作用，它可以帮助教师厘清思路，从而清晰地规划每一堂课或者知识点的教学流程，确保教学活动有序进行。AI 工具可以帮助教师减少梳理和手动绘制思维导图的时间，同时支持在线快速添加、删除或者修改节点，提高工作效率。

操作步骤 TreeMind 树图可以迅速根据给定的主题和关键词自动生成完整的思维导图结构，并支持在线美化和调整。

第 1 步 注册与登录

进入 TreeMind 树图首页，注册账号并登录，如图 1.8-1 所示。

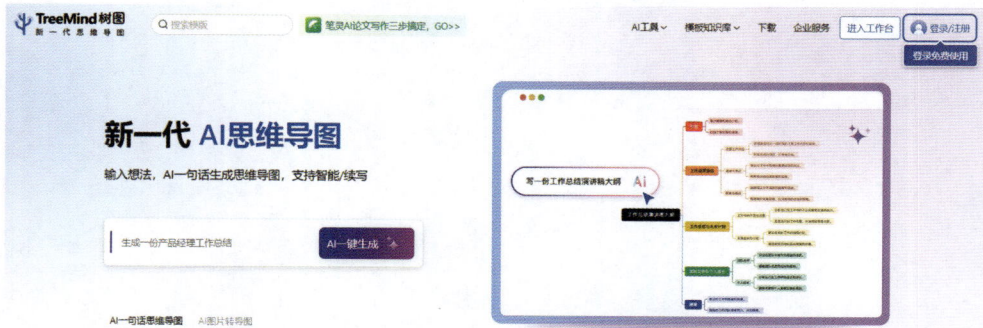

图1.8-1

第 2 步 输入主题

在对话框中输入与思维导图主题有关的提示词，然后单击"AI 一键生成"按钮或者按 Enter 键发送，如图 1.8-2 所示。

图1.8-2

第 3 步　生成与查看

随后，可以在跳转的页面中看到生成的思维导图，如图 1.8-3 所示。

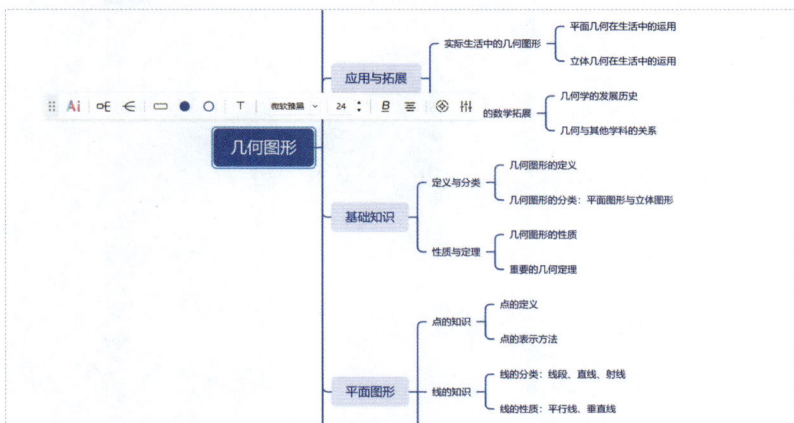

图1.8-3

第 4 步　编辑思维导图

如果觉得思维导图的内容有需要修改的地方，可以单击文字区域进行修改，如图 1.8-4 所示。

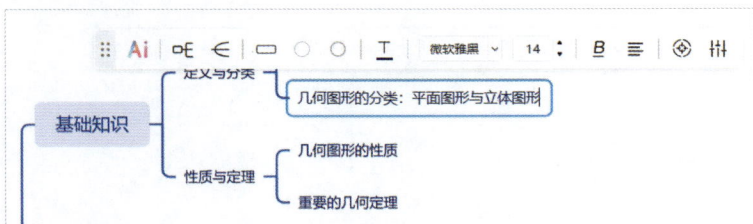

图1.8-4

> **Tips**
>
> 如有需要，可以使用工具栏中的工具对思维导图文字的字体、大小、颜色等进行调整。

第 5 步　续写扩展

如果需要扩展思维导图的节点，可以单击工具栏或者左侧边栏中的按钮，然后单击"续写扩展"按钮，如图 1.8-5 所示。

图1.8-5

第6步 一键美化

单击页面上方的"一键美化"按钮，可以对思维导图进行随机美化，如图 1.8-6 所示。

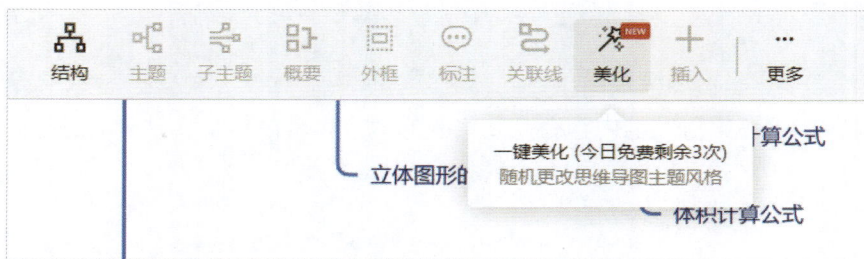

图1.8-6

如果对一键美化的效果不满意，单击"撤回"按钮或者按 Ctrl+Z 键即可，如图 1.8-7 所示。

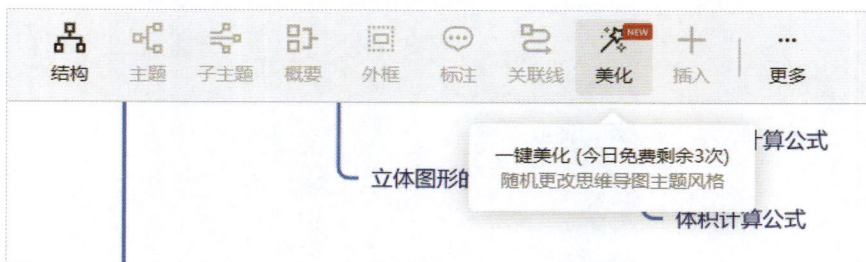

图1.8-7

第7步 更换模板

单击左侧边栏中的"模板"按钮，可以自行更换思维导图的模板，如图 1.8-8 所示。

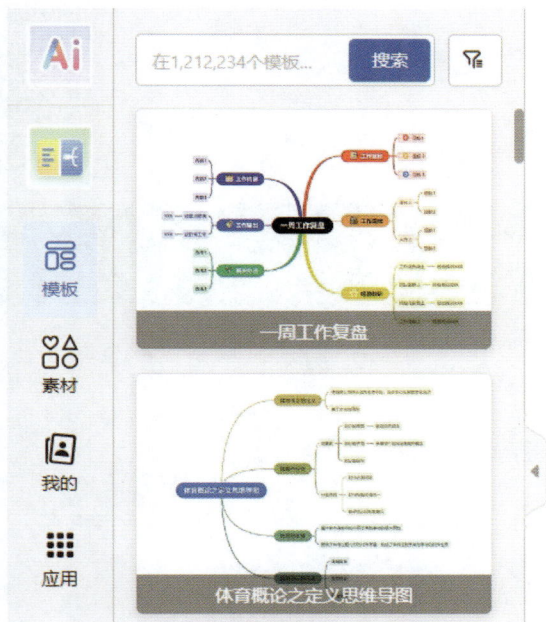

图1.8-8

Tips

除了更换模板，也可以按需求为思维导图添加素材或者应用。

第 8 步　导出思维导图

调整完成后，单击页面上方的"导出"按钮，然后在弹出的页面中选择想要导出的格式，即可导出思维导图，如图 1.8-9 所示。

图1.8-9

1.9
模拟课堂情境

AI 工具：智谱清言

　　在进行教学准备工作时，提前预演教学过程有助于让教师提前发现教学中可能出现的问题并找到解决方案。AI 工具可以辅助教师进行课堂模拟，它可以通过互动式对话和角色扮演来预演教学过程，让教师可以观察学生的学习行为和反应，收集更多的教学反馈信息，为后续教学改进提供依据。

操作步骤　　智谱清言的 AI 互动对话功能和智能体都能支持教师模拟课堂情境，让教师可以预见到课堂教学的实际效果。

第 1 步　注册与登录

进入智谱清言首页，注册账号并登录，如图 1.9-1 所示。

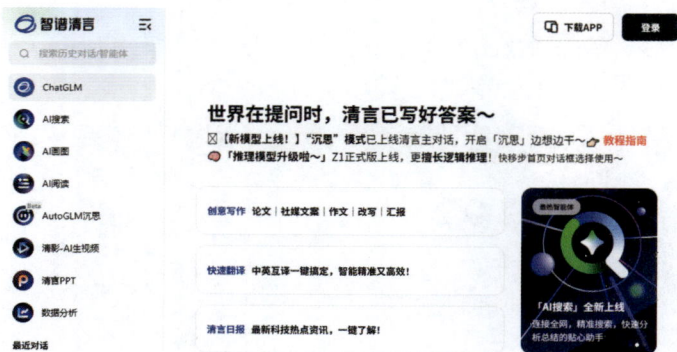

图1.9-1

第 2 步　互动对话模拟

在对话框中输入提示词，向 AI 工具询问是否可以帮助进行课堂情境模拟，然后单击右侧箭头按钮或者按 Enter 键发送，如图 1.9-2 所示。

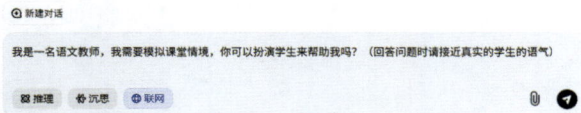

图1.9-2

随后，可以看到 AI 工具根据提问给出了互动性的回答，如图 1.9-3 所示。

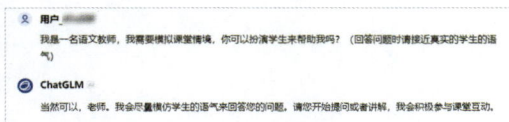

图1.9-3

按此方式与 AI 工具进行角色扮演式对话，完成课堂情境模拟，如图 1.9-4、图 1.9-5 所示。

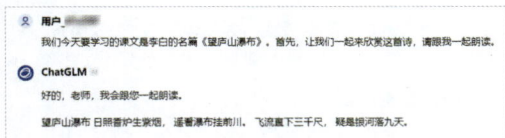

图1.9-4

图1.9-5

Tips

在输入提示词时，可以对 AI 工具回答的语气提出要求，同时，教师要对 AI 工具的回答做出相应的反馈，这样可以让整个互动问答更接近真实的课堂对话。

第 3 步　情境模拟参考

如果不知道如何持续进行互动提问，可以在第一次输入提示词时就要求 AI 自行模拟整个课堂情境的所有对话，然后将 AI 工具生成的情境作为教学备课的参考，如图 1.9-6、图 1.9-7 所示。

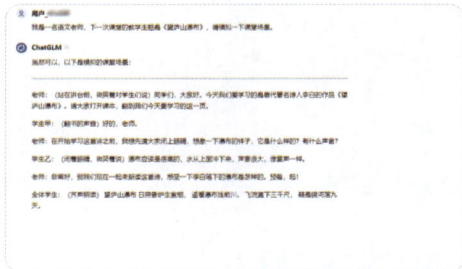

图1.9-6

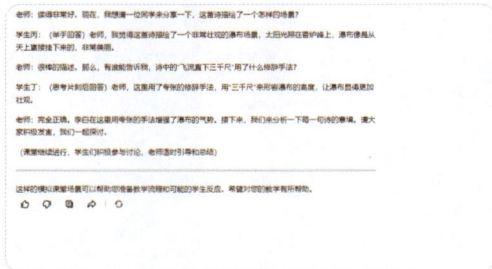

图1.9-7

Tips

如果觉得 AI 工具的回答不符合需求，可以单击"重新生成"按钮，生成新的回答，同时，可以单击生成结果下方的提示词模板，来获取与该堂课主题相关的补充知识，如图 1.9-8 所示。

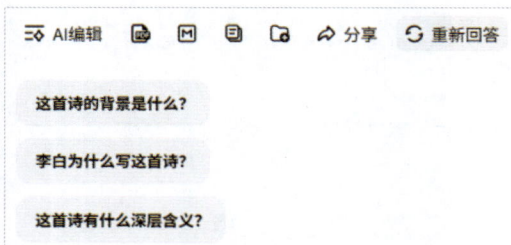

图1.9-8

第 4 步 智能体模拟

智谱清言的"老师模拟器"智能体可以通过游戏的方式让缺乏经验的新手教师熟悉和感受作为教师的日常。单击智谱清言首页左侧边栏中底部的"智能体中心"按钮，进入智能体中心，如图 1.9-9 所示。

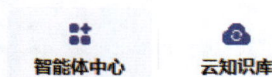

图1.9-9

在搜索框中输入"老师模拟器"，然后单击"时光教室——老师模拟器"智能体，如图 1.9-10 所示。

图1.9-10

单击"游戏开始"按钮，如图 1.9-11 所示。

图1.9-11

随后，可以看到游戏介绍和目的，如图 1.9-12 所示。

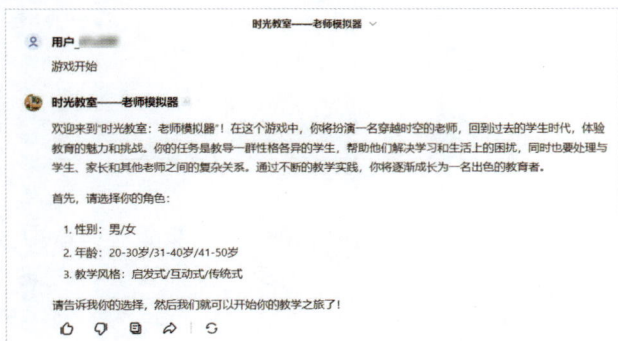

图1.9-12

接下来，可以根据 AI 工具的提示选择角色和回答问题，在互动中完成整个游戏，如图 1.9-13、图 1.9-14 所示。

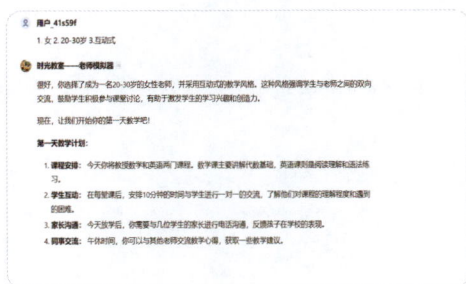

图1.9-13

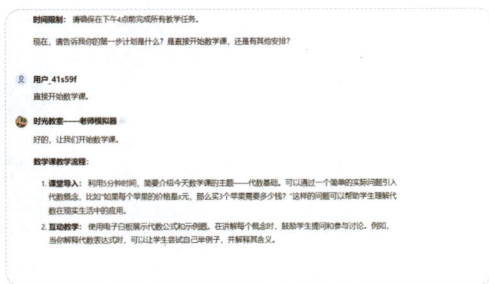

图1.9-14

Tips

在与"老师模拟器"互动的过程中，教师可以看到 AI 工具是如何安排教学计划、如何进行教学资源准备以及如何与学生进行互动，教师可以结合自身实际情况将这些方法应用到日常教学的实践当中。

1.10
教研内容总结

AI 工具：通义千问

　　教学研讨会是一个让教育工作者聚集在一起，分享经验、探讨问题、学习新知的重要平台，对于提高教育教学质量和促进教师专业发展具有非常重要的意义。AI 工具出现以后，教师可以借助 AI 工具将教研会议的音视频文件快速转换成文字记录。同时，AI 工具还能总结和提炼会议的重点内容，为教师工作提供了实用性的帮助。

操作步骤

　　通义千问的音视频速读功能能够将音视频内容快速准确地转换成文字形式，并支持多语言的实时翻译，同时，该功能还能对转写后的文字内容进行智能总结，帮助用户快速把握音视频的重点。

第 1 步 **注册与登录**

进入通义千问首页，注册账号并登录，如图 1.10-1 所示。

图1.10-1

第 2 步 **选择工具箱**

在左侧边栏中单击"效率"按钮，然后单击"音视频速读"按钮，如图1.10-2 所示。

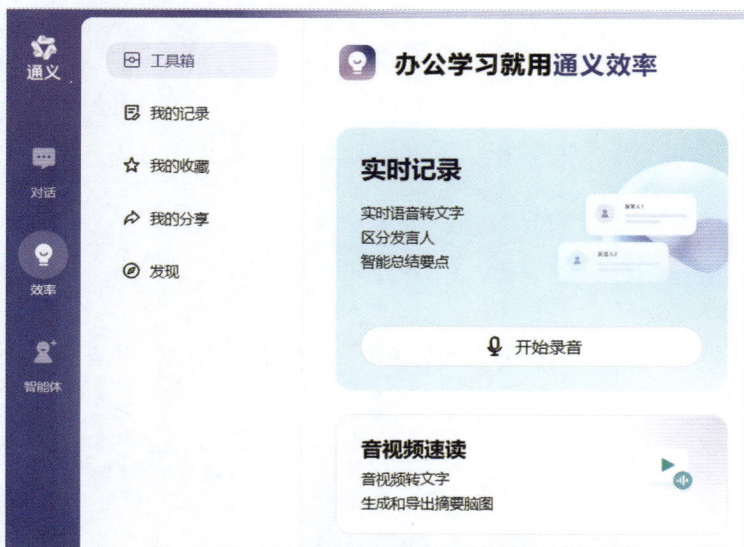

图1.10-2

第 3 步 上传文件

在弹出的页面中，单击音视频上传区域，将想要速读的文件进行上传，如图1.10-3 所示。

第 4 步 设置参数

上传完成后，对音视频语言、是否需要翻译、是否需要区分发言人等参数进行设置，然后单击"确认"按钮，即可开始转写音频，如图 1.10-4 所示。

图1.10-3

图1.10-4

第 5 步 **查看文字记录**

教研会议音频转写成功后，在上传记录中单击"立即查看"按钮，如图 1.10-5 所示。

图1.10-5

随后，可以在跳转的页面中看到 AI 已经将音频文件转写成文字记录，且按发言人进行了区分，如图 1.10-6 所示。

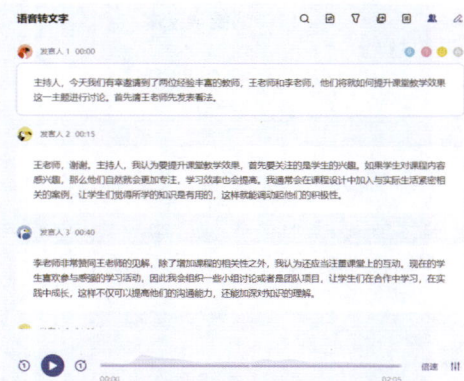

图1.10-6

第 6 步 **查看总结与分析**

单击"导读"按钮，可以看到 AI 对这段内容的总结与分析，包括全文概要、章节速览、发言总结和要点回顾等，如图 1.10-7、图 1.10-8 所示。

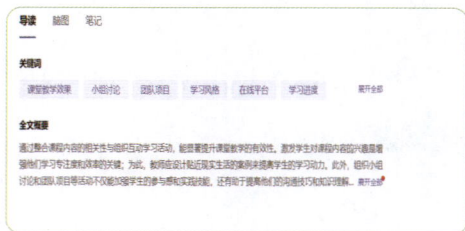

图1.10-7

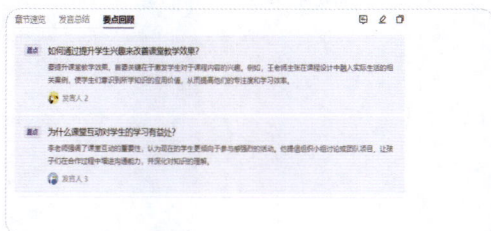

图1.10-8

Tips

　　单击"编辑"按钮，可以对 AI 工具生成的总结或分析内容进行编辑，如图 1.10-9 所示。

讨论和团队项目等活动不仅能加强学生的参与感和实践技能，还有助于提高他们的沟通技巧和知识理解。展开全部

　　编辑

章节速览　**发言总结**　要点回顾

图1.10-9

第 7 步　查看脑图

　　单击"脑图"按钮，可以查看 AI 工具根据音频文件生成的脑图，如图 1.10-10 所示。

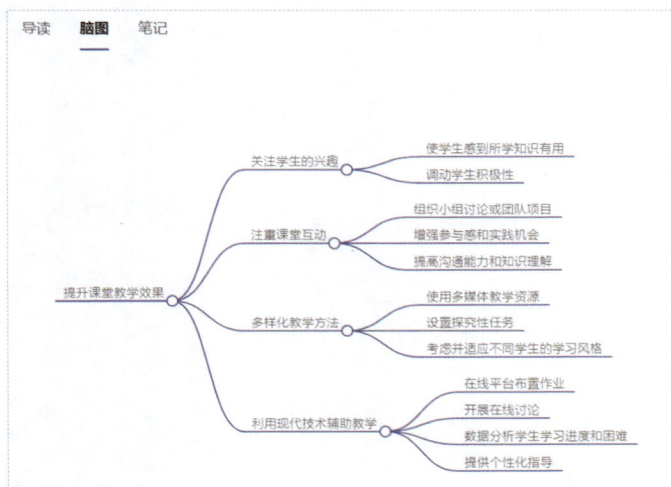

导读　**脑图**　笔记

关注学生的兴趣　　使学生感到所学知识有用
　　　　　　　　　调动学生积极性

注重课堂互动　　组织小组讨论或团队项目
　　　　　　　　增强参与感和实践机会
　　　　　　　　提高沟通能力和知识理解

提升课堂教学效果

多样化教学方法　　使用多媒体教学资源
　　　　　　　　　设置探究性任务
　　　　　　　　　考虑并适应不同学生的学习风格

利用现代技术辅助教学　在线平台布置作业
　　　　　　　　　　　开展在线讨论
　　　　　　　　　　　数据分析学生学习进度和困难
　　　　　　　　　　　提供个性化指导

图1.10-10

第 8 步　在线记录笔记

　　单击"笔记"按钮，可以在线记录笔记，同时可以调整笔记的字体大小和颜色，为笔记插入图片或表格等，如图 1.10-11 所示。

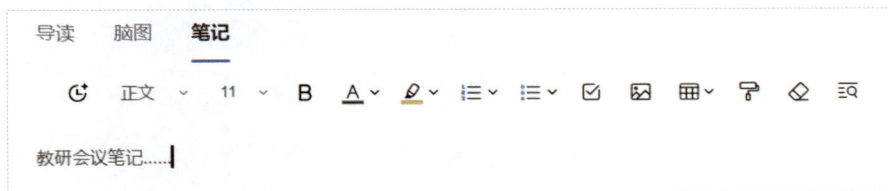

导读　脑图　**笔记**

正文　11　B　A　　　　　　　　　　　　　　　

教研会议笔记……

图1.10-11

Tips

在进行教研内容总结时，教师可以使用此功能来随时记录一些研究过程中的心得体会或灵感。

第 9 步 **翻译文字记录**

将音频文件转写为文字记录后，如有需要，可以使用翻译功能对文字进行翻译。单击 译 按钮，选择语言为"英语"，单击"双语显示"按钮，即可开始翻译，如图 1.10-12 所示。

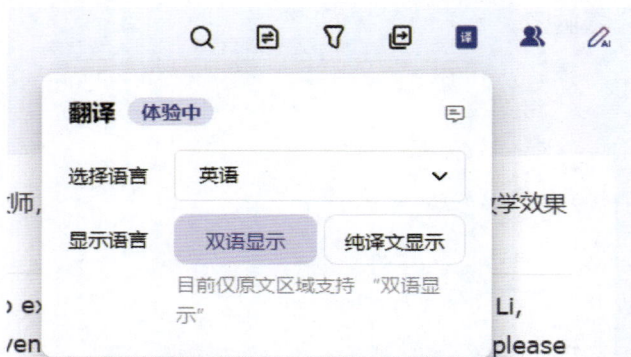

图1.10-12

随后，可以在页面中看到翻译结果，如图 1.10-13 所示。

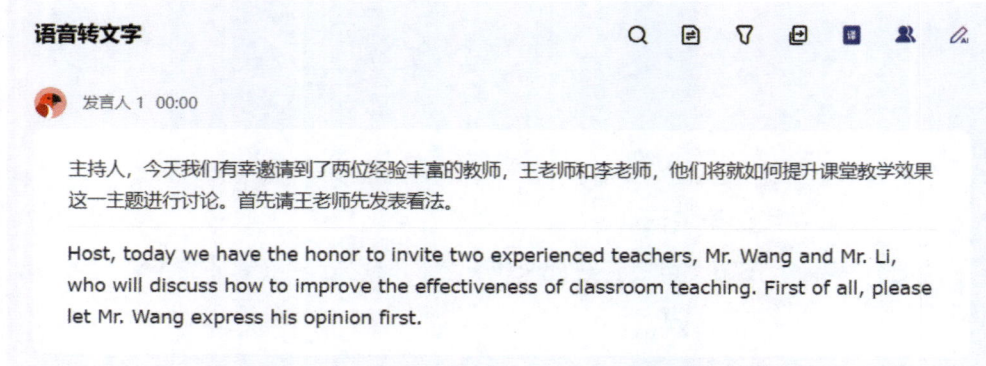

图1.10-13

第 10 步 AI 改写

如果想要对文字记录进行精简和改写，可以单击 按钮，然后单击"立即体验"按钮，如图 1.10-14 所示。

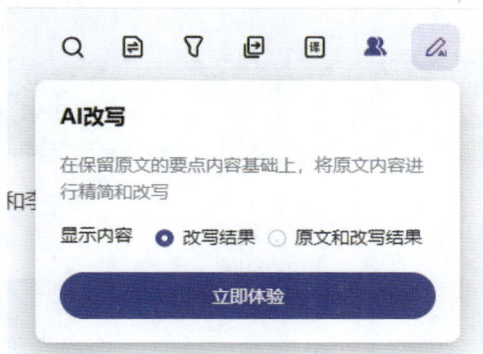

图1.10-14

第 11 步 导出文件

单击页面上方的"导出"按钮，在弹出的页面中对想要导出的文档和文档格式进行选择，然后单击"导出"按钮即可，如图 1.10-15 所示。

图1.10-15

49

1.11
梳理知识要点

AI 工具：360AI 办公 +Kimi.ai

　　梳理知识要点是教师教学准备中的关键环节。教师通过这一过程能够将繁杂的教学内容进行提炼，明确核心知识点，使教学更具针对性。AI 工具具备智能分析功能，可以在短时间内处理大量的文本或图片资料，将教师从繁琐的资料整理工作中解放出来，同时，AI 工具基于庞大的数据库进行分析，能够综合不同来源和领域的知识信息，使梳理出的知识要点更具全面性。

操作步骤

　　360AI 办公和 Kimi.ai 都可以从文档中提取关键信息，并对长篇文本进行总结，同时，Kimi.ai 还支持对 PPT 和图片格式的文件进行解析。

第 1 步 选择 360AI 办公工具

　　打开 360 浏览器，进入 360AI 办公页面，单击页面左侧的"教师工作加速器"按钮（参考本书第 2 页案例），然后单击"精选教学内容"按钮，如图 1.11-1 所示。

图1.11-1

第 2 步 上传文件

　　在页面上方单击"文档分析"按钮，如图 1.11-2 所示。

图1.11-2

单击文件上传区域，上传 PDF 文档，如图 1.11-3 所示。

图1.11-3

Tips

除了文档分析，360AI 还可以进行视频总结、录音分析及网页分析。

第 3 步 **查看解析**

文件上传完成后，AI 会对文章进行解析，解析完成后，可以在页面中查看原文与解析重点，如图 1.11-4 所示。

图1.11-4

教师可以通过单击页面上方的各个操作按钮来查看文章的简介、脑图、分析等，如图 1.11-5 所示。

图1.11-5

Tips

除了对原文进行解析，360AI 还可以将原文翻译成英文以及生成 PPT。

第 4 步 追问

如果想要根据文章的主题进行追问，可以单击页面上方的"追问"按钮，然后在出现的问题中进行选择，即可获取相应的回答，如图 1.11-6 所示。

图1.11-6

Tips

> 追问功能可以根据文章主题进行知识的拓展和延伸，如有需要，教师也可以通过在对话框中输入问题的方式来进行追问。

第 5 步 用 Kimi.ai 解析课件

进入 Kimi.ai 首页，注册账号并登录，如图 1.11-7 所示。

图1.11-7

第 6 步 上传文件

单击对话框中的 📎 按钮，上传需要进行解析的 PPT 课件，如图 1.11-8 所示。

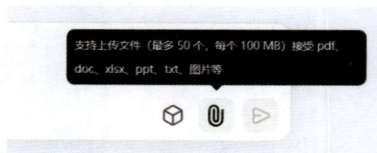

图1.11-8

上传完成后，在对话框中输入提示词，让 AI 对课件进行解析，然后单击右侧箭头按钮或者按 Enter 键发送，如图 1.11-9 所示。

图1.11-9

第 7 步 查看解析

随后，可以在页面中查看 AI 对整个课件知识点和核心内容的整理，如图 1.11-10、图 1.11-11 所示。

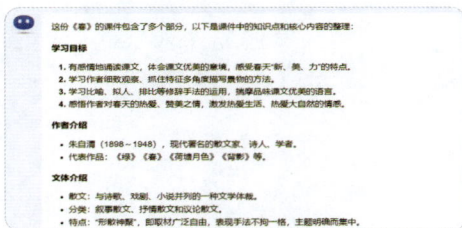

图1.11-10

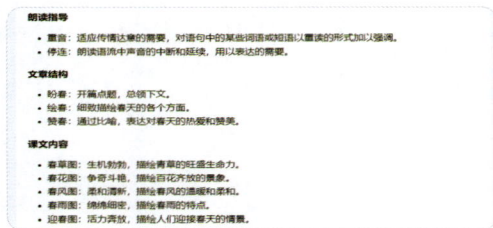

图1.11-11

Tips

如果觉得生成的解析不符合需求，可以单击"再试一次"按钮，重新生成新的解析，如图 1.11-12 所示。

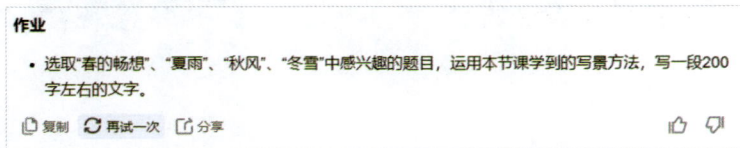

图1.11-12

1.12
制作视频素材

AI 工具：即梦 AI

在课堂上使用视频素材是一种非常有效的教学手段，它能够帮助学生更加直观地理解一些复杂的概念或理论，并提高他们的学习兴趣。AI工具可以帮助教师快速制作各种主题和类型的短视频，帮助教师节省搜索视频资源的时间，在保证教学质量的同时也能够为学生提供更加丰富多元化的学习体验。

操作步骤　　即梦 AI 可以基于文本、图片或其他输入来创建视频，这些视频可以作为素材用来创作适合于教学场景的短视频。

第 1 步 注册与登录

进入即梦 AI 首页，注册账号并登录，如图 1.12-1 所示。

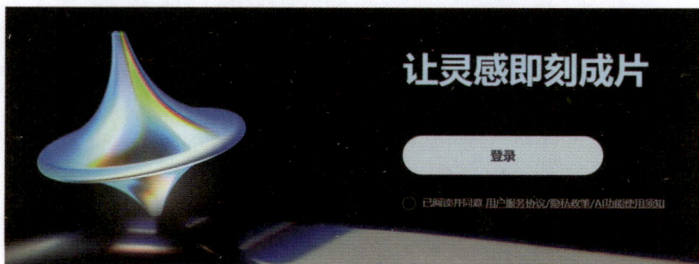

图1.12-1

第 2 步 选择功能

单击"视频生成"按钮，如图 1.12-2 所示。

第 3 步 输入提示词

单击"文本生视频"按钮，在对话框中输入提示词，如图 1.12-3 所示。

图1.12-2

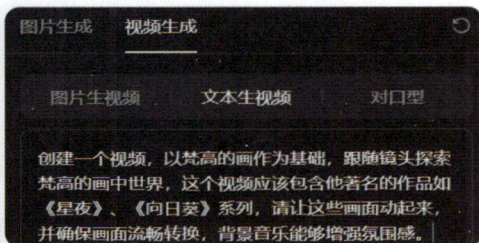

图1.12-3

Tips

　　如果不知道如何输入提示词，可以向通义千问、豆包这样的语言类大模型进行询问，让 AI 提供一些撰写提示词的示例。

第 4 步 设置运镜和速度

　　对生成视频的运镜方式和运动速度进行选择，如图 1.12-4 所示。

图1.12-4

第 5 步 基础设置

　　对生成视频的模式、时长、视频比例和生成次数进行选择，如图 1.12-5 所示。

图1.12-5

第 6 步 快速预览

　　设置完成后，勾选底部的"快速预览视频"选项，等待 AI 生成预览视频，如图 1.12-6 所示。

图1.12-6

生成预览视频后，可以在页面中播放该视频，如图 1.12-7 所示。

图1.12-7

第 7 步 生成与下载

如果觉得预览视频符合需求，单击视频底部的"继续生成"按钮即可生成该视频，如图 1.12-8 所示。

单击视频右上角的 ⬇ 按钮，可以下载该视频，如图 1.12-9 所示。

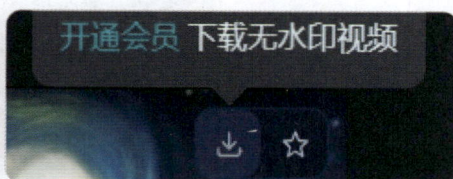

图1.12-8

图1.12-9

> **Tips**
>
> 教师既可以直接将下载后的视频用于教学，也可以对其进行后期处理和剪辑后再进行使用。

第 2 章
教学支持助手

　　在日常教学中，AI 工具可以作为智能助手为教师提供各方面的支持，例如批改作业、为学生答疑解惑、分析学习数据等。这些支持将教师从一些重复性任务中解放出来，让教师可以将更多精力投入到教学设计和学生指导中，不仅提升了教学效率，也提高了教学的质量。

02

2.1
辅助多语翻译

AI 工具：豆包 + 百度翻译

在教学时，如果遇到有需要翻译的题目或者场景，教师可以借助 AI 工具来轻松完成。AI 工具可以快速准确地提供多种语言的翻译结果，节省教师查询资料的时间，使教学过程更加流畅。同时，AI 辅助翻译还能够让学生接触到更地道的语言表达，帮助学生更好地理解不同语言的语法和词汇特点。

操作步骤

豆包的翻译功能和翻译助手智能体能够快速进行双语互译，百度翻译的 AI 翻译功能能够实现图片秒翻，并且在翻译后可以进行双语审校、译文答疑、母语润色、语法分析等操作。

第 1 步 互动对话翻译

进入豆包首页，单击"更多"按钮，然后单击"翻译"按钮，如图 2.1-1、图 2.1-2 所示。

图2.1-1

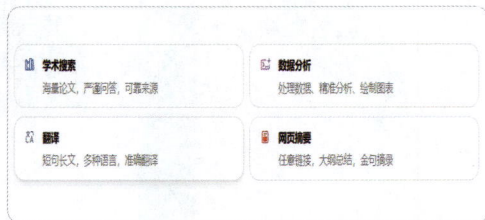

图2.1-2

从对话框中的设置可以看到，AI 翻译工具可以自动检测到源语言的类型并将其翻译为中文，在对话框中输入英文，然后单击右侧箭头按钮或者按 Enter 键发送，如图 2.1-3 所示。

图2.1-3

随后，可以看到英译中的结果，如图 2.1-4 所示。

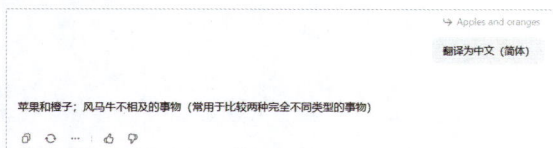

图2.1-4

根据上述步骤，参考图 2.1-3，单击对话框中的"中文（简体）"按钮，在选项框中选择"English"，然后在对话框中输入中文并发送，如图 2.1-5 所示。

图2.1-5

随后，可以看到中译英的结果，如图 2.1-6 所示。

图2.1-6

> **Tips**
>
> 　　豆包的翻译功能目前只支持中英互译，如果想需要翻译其他国家的语言，可以借助翻译类智能体或者其他专门的 AI 翻译工具来实现。

第 2 步 互动对话翻译

进入豆包的"发现 AI 智能体"页面，在搜索框中输入"翻译"关键词，然后单击"日文翻译"智能体，如图 2.1-7 所示。

图2.1-7

单击第一个提示词模板，如图 2.1-8 所示。

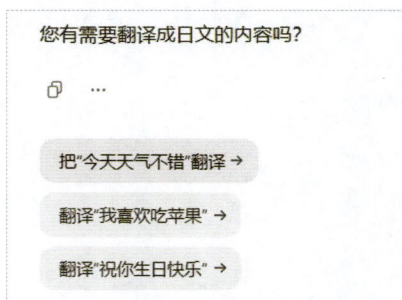

图2.1-8

随后，可以看到 AI 根据这句中文翻译出来的日文，如图 2.1-9 所示。

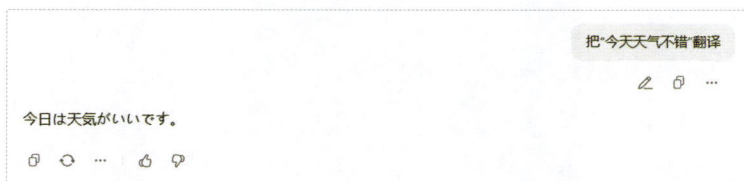

图2.1-9

Tips

　　单击提示词模板进行翻译只是作为一个示例来展示该智能体的翻译效果，在真正使用这类智能体时，大多数情况都需要通过对话框来输入源语言，将其发送给 AI 翻译工具后以获取相应的翻译结果。

　　豆包的翻译类智能体中包含了中英翻译助手、中日文翻译助手、中文德语翻译、法语翻译助手等多种类型，可以辅助教师进行多语翻译。

第 3 步　上传图片翻译

进入百度翻译首页，注册账号并登录。将翻译模式切换为英译中，如图 2.1-10 所示。

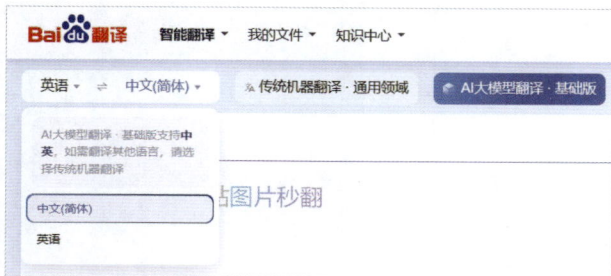

图2.1-10

单击上传图片区域，如图 2.1-11 所示。

图2.1-11

随后，可以看到 AI 工具将图中的英文段落翻译成了中文，如图 2.1-12 所示。

图2.1-12

Tips

百度翻译的 AI 翻译功能目前只支持中英互译，如果需要翻译其他语言，可以选择传统机器翻译。

除了图片，百度翻译也支持上传 PDF、PPT 等其他格式的文档来进行翻译。

第 4 步 智能优化

百度翻译的 AI 助手可以对原文和译文进行智能优化。选中一句译文，在右侧的 AI 助手面板中单击"润色译文"按钮，如图 2.1-13 所示。

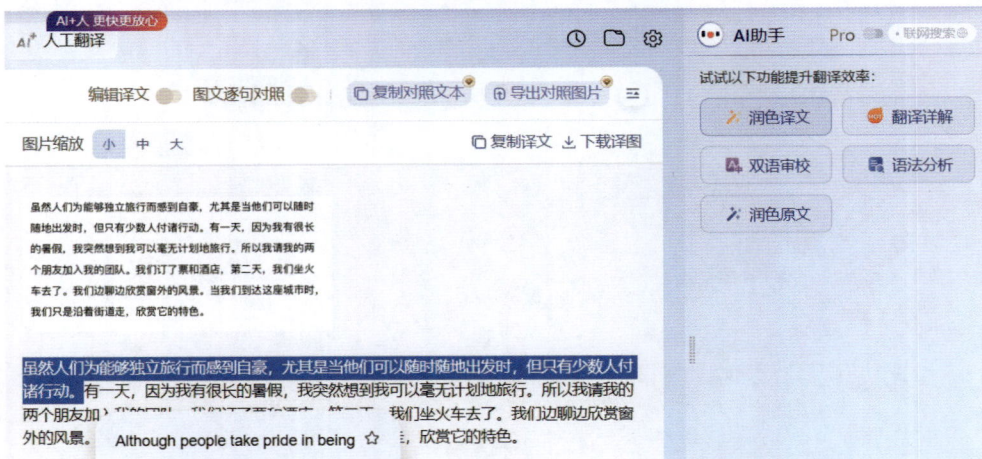

图2.1-13

随后，可以看到 AI 对这段译文进行了润色，单击"替换译文"按钮，即可用润色后的文本替换原来的译文，如图 2.1-14 所示。

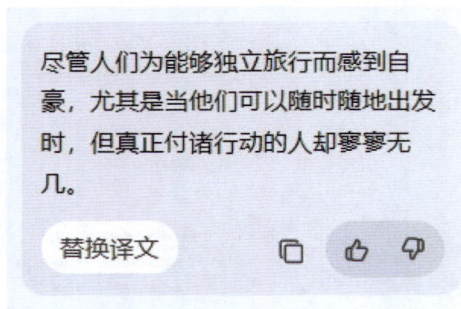

图2.1-14

Tips

如果觉得翻译之后的句子较为生硬，可以使用 AI 助手的"润色译文"功能来进行优化，让原译文变得更加流畅和生动。

除了润色译文之外，百度翻译的 AI 助手还具有润色原文、双语审校、语法分析等功能，教师可以根据需求来选择和使用。

2.2
解答课堂疑惑

- AI教育导师
- 智能导读
- 知识梳理
- 视频跟学

扫码解锁

AI 工具：豆包

　　教师在教学过程中运用 AI 工具来答疑解惑，可以极大地提升教学效率和质量。AI 工具能够实时分析学生的提问，并提供准确、全面的解答，帮助学生更好地理解和掌握知识点。这种应用不仅减轻了教师的工作负担，还能激发学生的学习兴趣，促进个性化学习，从而提高整体教学效果。

操作步骤　　　豆包的答疑解惑功能可以帮助各个科目的教师应对课堂上遇到的复杂问题，同时支持拍照或者上传题目图片来快速获取答案，保证了教学的流畅性。

第 1 步　输入题目答疑

　　进入豆包首页，单击底部对话框上方的"解题答疑"按钮，如图 2.2-1 所示。

帮我写作　图像生成　Q AI 搜索　阅读总结　音乐生成　解题答疑　学术搜索　更多

发消息、输入 @ 或 / 选择技能

图2.2-1

　　在对话框中输入题目，然后单击右侧箭头按钮或者按 Enter 键发送，如图 2.2-2 所示。

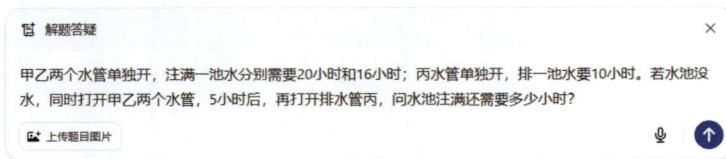

解题答疑　　　　　　　　　　　　　　　　　×

甲乙两个水管单独开，注满一池水分别需要20小时和16小时；丙水管单独开，排一池水要10小时。若水池没水，同时打开甲乙两个水管，5小时后，再打开排水管丙，问水池注满还需要多少小时？

上传题目图片

图2.2-2

第 2 步 查看回答

随后，AI 工具会根据输入的题目给出答案和解题过程，如图 2.2-3、图 2.2-4 所示。

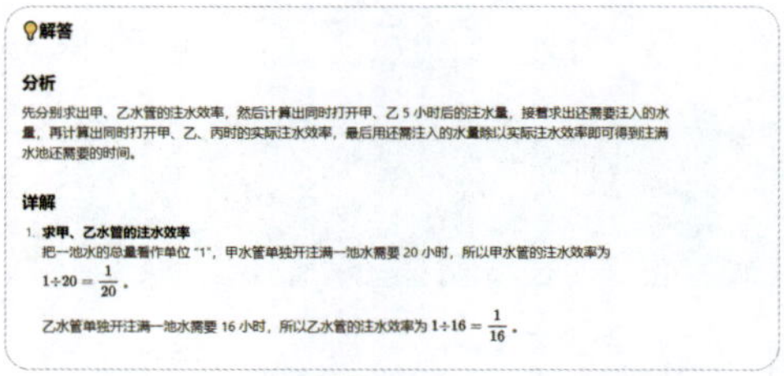

图2.2-3

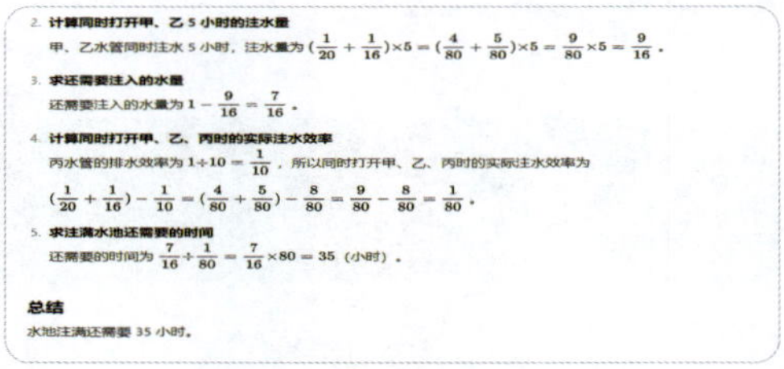

图2.2-4

第 3 步 延伸拓展

在生成的回答下方，AI 工具会提出一些与该题目相关的拓展问题，教师可以单击这些题目的提示词模板来获取回答，帮助学生掌握更多的知识点，如图 2.2-5 所示。

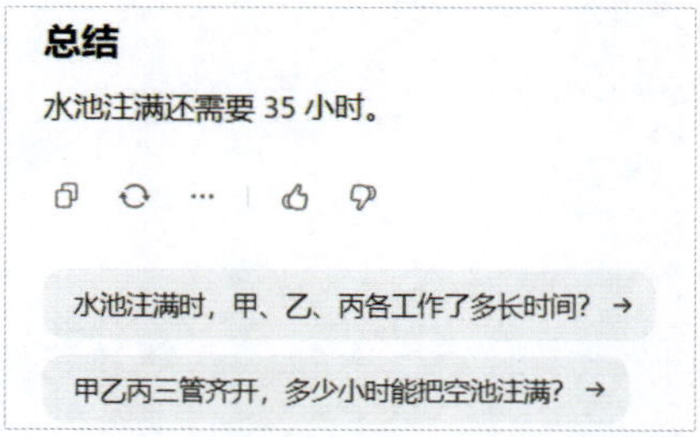

图2.2-5

第 4 步 上传图片答疑

在对话框中单击"上传题目图片"按钮，上传图片，如图 2.2-6 所示。

图2.2-6

第 5 步 查看回答

上传图片之后，AI 工具会先对图片中的题目进行识别，然后给出答案和解题过程，如图 2.2-7 ~ 图 2.2-9 所示。

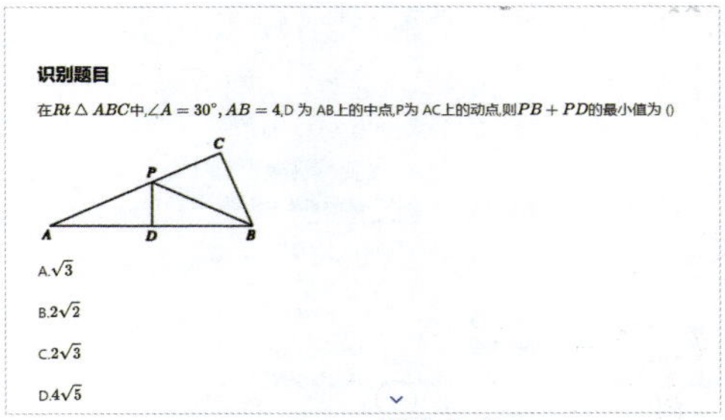

识别题目

在 Rt△ABC 中，∠A = 30°，AB = 4，D 为 AB 上的中点，P 为 AC 上的动点，则 $PB + PD$ 的最小值为 ( )

A.$\sqrt{3}$

B.$2\sqrt{2}$

C.$2\sqrt{3}$

D.$4\sqrt{5}$

图2.2-7

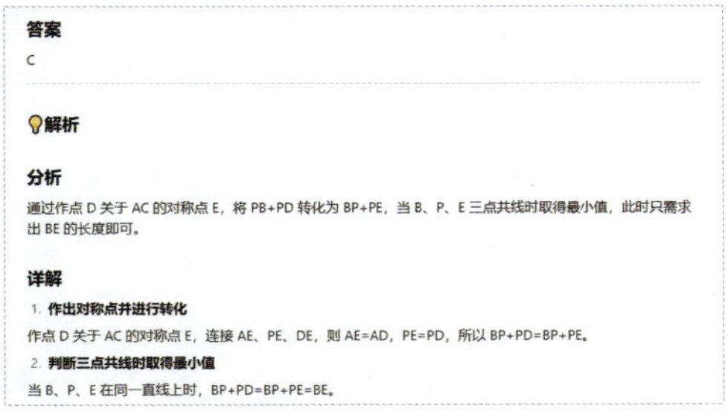

答案

C

💡**解析**

分析

通过作点 D 关于 AC 的对称点 E，将 PB+PD 转化为 BP+PE，当 B、P、E 三点共线时取得最小值，此时只需求出 BE 的长度即可。

详解

1. 作出对称点并进行转化

作出点 D 关于 AC 的对称点 E，连接 AE、PE、DE，则 AE=AD，PE=PD，所以 BP+PD=BP+PE。

2. 判断三点共线时取得最小值

当 B、P、E 在同一直线上时，BP+PD=BP+PE=BE。

图2.2-8

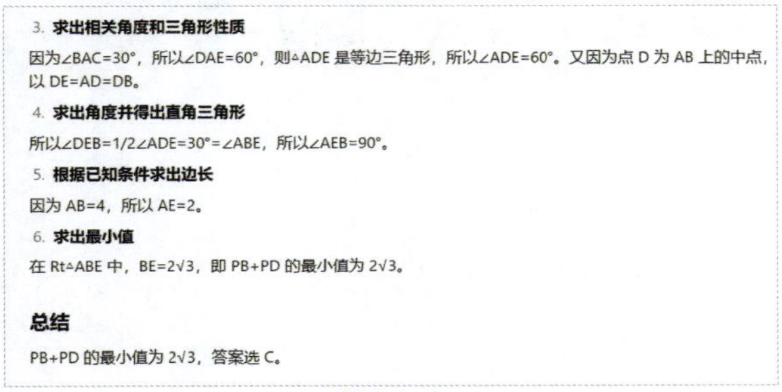

3. 求出相关角度和三角形性质

因为∠BAC=30°，所以∠DAE=60°，则△ADE 是等边三角形，所以∠ADE=60°。又因为点 D 为 AB 上的中点，以 DE=AD=DB。

4. 求出角度并得出直角三角形

所以∠DEB=1/2∠ADE=30°=∠ABE，所以∠AEB=90°。

5. 根据已知条件求出边长

因为 AB=4，所以 AE=2。

6. 求出最小值

在 Rt△ABE 中，BE=2√3，即 PB+PD 的最小值为 2√3。

总结

PB+PD 的最小值为 2√3，答案选 C。

图2.2-9

Tips

　　AI 工具虽然能够提供详细的题目解答，但有时可能会受到数据质量、算法局限性等因素的影响而产生错误。再使用 AI 工具辅助答疑时，教师需要凭借自己的专业知识和教学经验对 AI 工具给出的答案进行审核，判断其是否符合学科的基本原理、概念和逻辑，从而避免学生接收到错误的信息。

第 6 步　智能体答疑

　　豆包的智能体中心里面有许多可以用来解答各科题目的专属智能体，教师可以根据需求来选择和使用。单击豆包首页左侧边栏中的"发现 AI 智能体"按钮，如图 2.2-10 所示。

　　豆包

＋　新对话　　　Ctrl K

💬　最近对话　　　⌄

✦　我的智能体　　　⌄

＋　发现 AI 智能体

图2.2-10

在搜索框中输入"答疑"关键词，随后，可以看到页面中出现了许多与答疑相关的智能体，单击"解题答疑助手"这个智能体，如图 2.2-11 所示。

图2.2-11

> **Tips**
>
> 这些智能体中既有全科答疑助手，也有单独针对某个科目的答疑助手，教师可以根据科目来进行选择。

在跳转页面的对话框中输入题目并发送，如图 2.2-12 所示。

图2.2-12

随后，便能看到 AI 工具给出的解答，如图 2.2-13 所示。

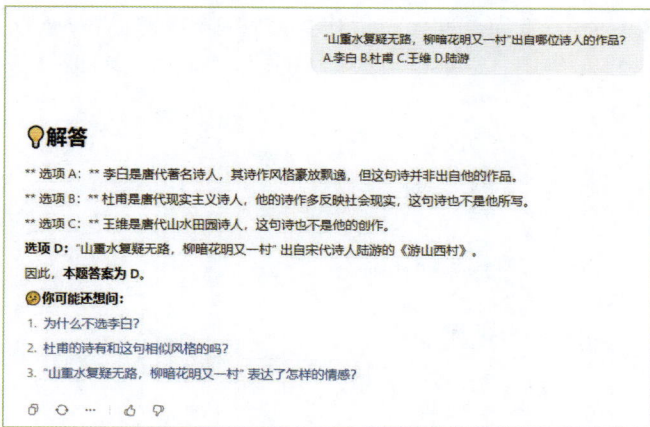

图2.2-13

2.3
智能语音助手

　　在某些教学场景中，AI 工具的智能朗读与配音功能可以帮助教师实现更好的教学效果。教师使用 AI 工具为课文配音，可以让学生听到更准确的发音和语调，这对于语言学习颇为重要，同时，这项功能也可以用来帮助那些听力学习者或是需要额外阅读支持的学生。在 AI 配音和朗读工具的辅助下，教师可以节省自行朗读和录制音频的时间与精力，提高教学准备的效率。

操作步骤　　讯飞星火可以对交互的对话进行朗读，腾讯智影可以为文本进行智能配音，教师可以按需求在不同的教学场景中使用不同的 AI 工具。

第 1 步　**登录讯飞星火**

进入讯飞星火首页，注册账号并登录，如图 2.3-1 所示。

图2.3-1

第 2 步　**明确需求**

　　在对话框中输入提示词，让 AI 工具朗读一段课文，然后单击右侧 "发送" 按钮或者按 Enter 发送，如图 2.3-2 所示。

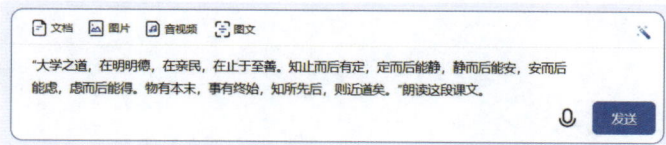

图2.3-2

第 3 步 朗读课文

随后，AI 工具会对提出的需求进行回应，单击按钮，AI 工具便会朗读这段文字，如图 2.3-3 所示。

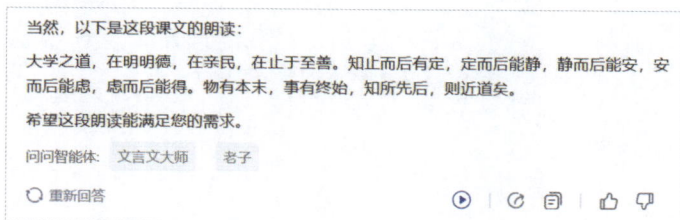

图2.3-3

Tips

在 AI 工具进行朗读的过程中，单击 ⊙ 按钮，可以随时停止朗读，如图 2.3-4 所示。

图2.3-4

第 4 步 登录腾讯智影

进入腾讯智影首页，注册账号并登录，如图 2.3-5 所示。

图2.3-5

第 5 步 选择工具

单击"文本配音"按钮，如图 2.3-6 所示。

智能小工具

视频剪辑　　文本配音

图2.3-6

第 6 步 输入文章内容

在文本框中输入课文内容，如图 2.3-7 所示。

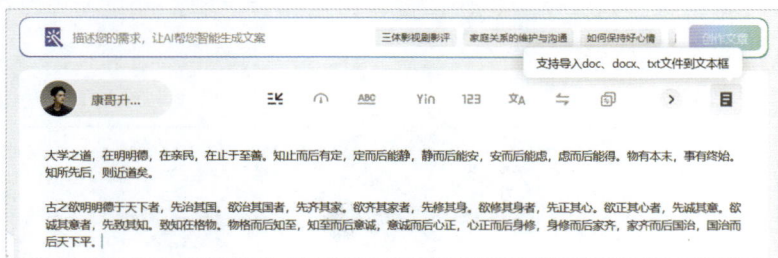

图2.3-7

> **Tips**
>
> 腾讯智影的文本配音工具支持粘贴输入文本、上传文档以及 AI 智能生成文案。

第 7 步 选择音色

在左侧的"选择音色"页面中选中想要的音色，单击"使用音色"按钮，即可使用该音色，如图 2.3-8 所示。

图2.3-8

> **Tips**
>
> 在选择音色时，可以先对音色的使用场景进行选择，同时可以查看该音色的文字简介，以筛选出更符合需求的音色。
>
> 在使用音色前，单击 ▶ 按钮可以对该音色进行试听。

第8步 发音设置

如有需要，可以对文本进行单独的发音设置。选中一段文本，单击文本上方的操作按钮，可以对其进行设置读速、设置音效、指定发音人等操作，如图2.3-9、图2.3-10所示。

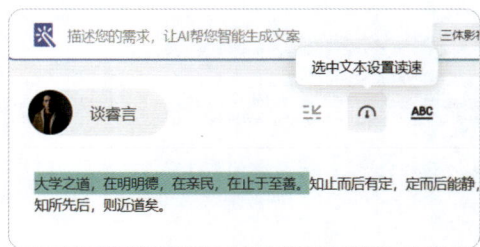
图2.3-9

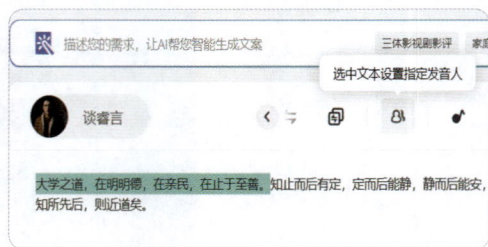
图2.3-10

第9步 添加配乐

单击页面底部的"添加配乐"按钮，可以在左侧"添加配乐"页面中选择想要添加的配乐，单击"使用"按钮即可使用该配乐，如图2.3-11、图2.3-12所示。

图2.3-11

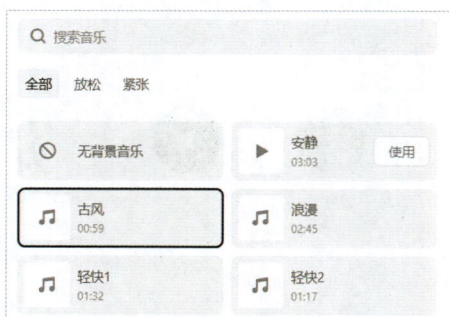
图2.3-12

Tips

单击 ♫ 按钮可以对配乐进行试听。

第 10 步 音频试听

设置完成后，可以单击页面底部的"试听"按钮，对整段音频进行试听，如果觉得试听效果符合需求，单击"生成音频按钮"即可生成音频，如图 2.3-13 所示。

图2.3-13

第 11 步 下载音频

生成音频后，单击 ••• 按钮，可以对音频进行剪辑、重命名、下载等操作，如图 2.3-14 所示。下载音频后，教师可以在课件或者课堂教学中使用该音频来朗读课文。

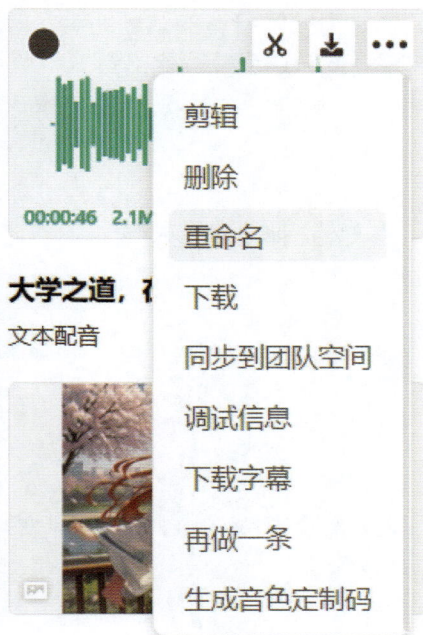

图2.3-14

2.4
智能出题助手

AI 工具：通义千问 +WPS

　　创建题库是提升教学质量的重要环节，教师可以从题库中组合出个性化的试卷或练习，用来测试学生对知识的综合运用能力，帮助学生巩固知识，同时教师也可以实现因材施教，满足不同学生的学习需求。AI工具可以担任智能主题助手，根据课程大纲自动生成大量的练习题目，这不仅能够帮助教师节省大量时间，还能确保题目的覆盖面广且均衡。

操作步骤

　　通义千问可以根据教师的需求来生成各个科目不同类型的题目，WPS 教学工具中的"试卷组装"和"试卷助手"工具则是为教师打造的试题助手，可以将多种题型一键加入试卷中，同时还支持智能出卷。

第1步 互动对话出题

　　进入通义千问首页，在对话框输入出题的要求，然后单击右侧箭头按钮或者按 Enter 键发送，如图 2.4-1 所示。

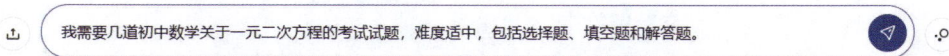

我需要几道初中数学关于一元二次方程的考试试题，难度适中，包括选择题、填空题和解答题。

图2.4-1

Tips

　　在输入出题要求时，最好对年级、学科、题目难度等进行描述，这样生成的题目才会更接近自己的需求。

第2步 查看题目

　　随后，AI 工具会根据输入的出题要求生成题目，如图 2.4-2、图 2.4-3 所示。

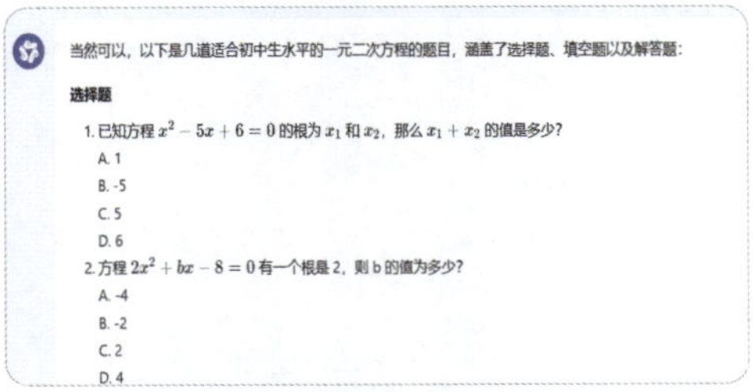

当然可以，以下是几道适合初中生水平的一元二次方程的题目，涵盖了选择题、填空题以及解答题：
选择题
1. 已知方程 $x^2-5x+6=0$ 的根为 x_1 和 x_2，那么 x_1+x_2 的值是多少？
A. 1
B. -5
C. 5
D. 6
2. 方程 $2x^2+bx-8=0$ 有一个根是 2，则 b 的值为多少？
A. -4
B. -2
C. 2
D. 4

图2.4-2

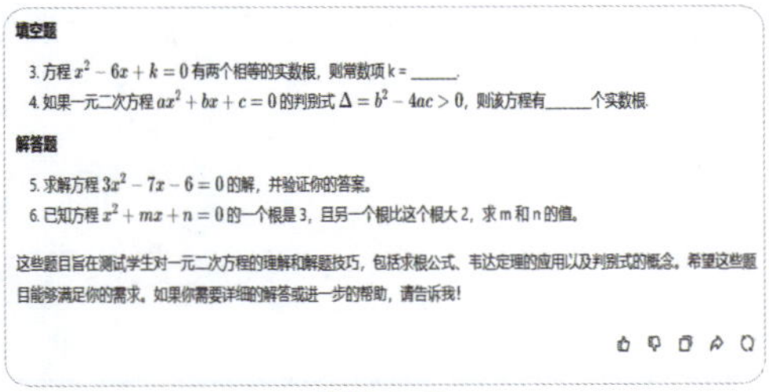

填空题
3. 方程 $x^2-6x+k=0$ 有两个相等的实数根，则常数项 k = ______.
4. 如果一元二次方程 $ax^2+bx+c=0$ 的判别式 $\Delta=b^2-4ac>0$，则该方程有______个实数根.
解答题
5. 求解方程 $3x^2-7x-6=0$ 的解，并验证你的答案。
6. 已知方程 $x^2+mx+n=0$ 的一个根是 3，且另一个根比这个根大 2，求 m 和 n 的值。
这些题目旨在测试学生对一元二次方程的理解和解题技巧，包括求根公式、韦达定理的应用以及判别式的概念。希望这些题目能够满足你的需求。如果你需要详细的解答或进一步的帮助，请告诉我！

图2.4-3

Tips

如果需要题目答案和解题过程，可以继续通过对话告诉 AI 工具这个需求。

第 3 步　智能体出题

通义千问的智能体也可以担任出题助手。单击通义千问首页左侧边栏中的“智能体”按钮，如图 2.4-4 所示。

通义
发现智能体
我的智能体
对话
试卷出题…
思维导图…
效率
会播报的…
表情包达人
LOGO设计师
智能体

图2.4-4

在搜索框中输入“出题”关键词，然后单击“出题大师”智能体，如图 2.4-5 所示。

探索智能体的无限可能
出题
官方推荐
想法即世界：
你最好的创意伙伴
体验我们精心挑选的智能体
AI扩写专家
文本润色大师
与"出题"相关的智能体 ·30
古文通
精通中国古文学且能深入分析朝代背景的智能导师
20+
4000+
脑筋急转弯
擅长出题与解谜
10+
2000+
179****4218
出题大师
专业定制语文、数学、英语试题
30+
2000+
185****7146

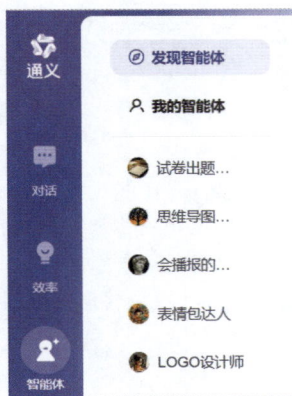

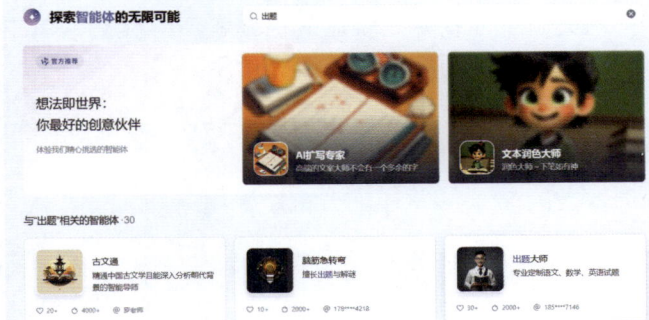

图2.4-5

在对话框中输入出题的要求然后发送，如图 2.4-6 所示。

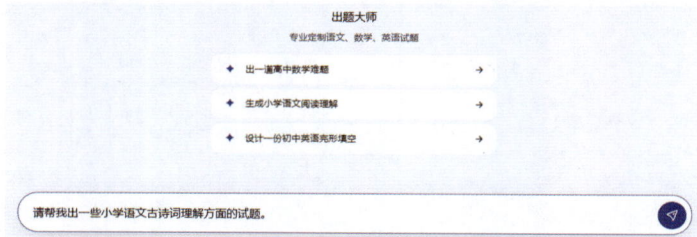

出题大师
专业定制语文、数学、英语试题

◆ 出一道高中数学难题 →

◆ 生成小学语文阅读理解 →

◆ 设计一份初中英语完形填空 →

请帮我找出一些小学语文古诗词理解方面的试题。

图2.4-6

随后，便能看到 AI 工具生成的题目，如图 2.4-7 所示。

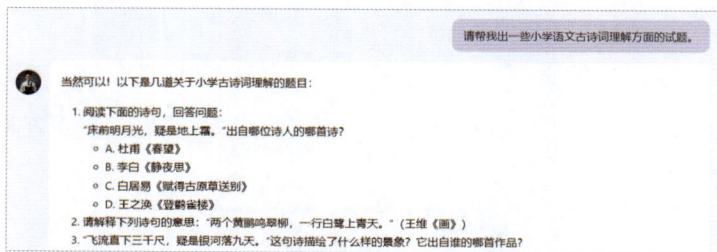

请帮我找出一些小学语文古诗词理解方面的试题。

当然可以！以下是几道关于小学古诗词理解的题目：

1. 阅读下面的诗句，回答问题：
   "床前明月光，疑是地上霜。"出自哪位诗人的哪首诗？
   ○ A. 杜甫《春望》
   ○ B. 李白《静夜思》
   ○ C. 白居易《赋得古原草送别》
   ○ D. 王之涣《登鹳雀楼》
2. 请解释下列诗句的意思："两个黄鹂鸣翠柳，一行白鹭上青天。"（王维《画》）
3. "飞流直下三千尺，疑是银河落九天。"这句诗描绘了什么样的景象？它出自谁的哪首作品？

图2.4-7

Tips

　　大多数 AI 工具都集成了智能体功能，如文心智能体平台的"出题帮手"智能体、智谱清言的"英语作文出题器"智能体等，教师可以根据具体需求去对比这些智能体的不同，从中筛选出最适合自己的智能体来使用。

　　通过 AI 工具生成题目后，教师可以将这些题目复制粘贴到 Word 文档中，重新进行编辑与整理之后再进行使用。

第 4 步 **智能出卷**

打开 WPS 软件，新建文档或者演示文稿，单击"教学工具"选项卡中的"试卷助手"按钮，如图 2.4-8 所示。

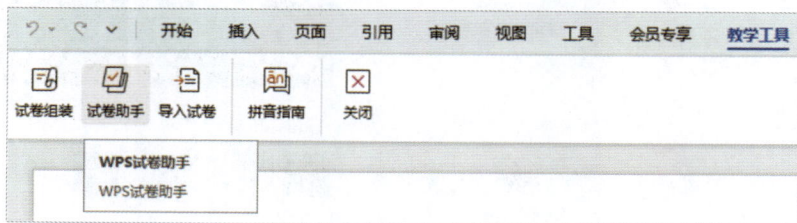

开始　插入　页面　引用　审阅　视图　工具　会员专享　**教学工具**

试卷组装　试卷助手　导入试卷　拼音指南　关闭

WPS试卷助手
WPS试卷助手

图2.4-8

单击"智能出卷"按钮，如图 2.4-9 所示。

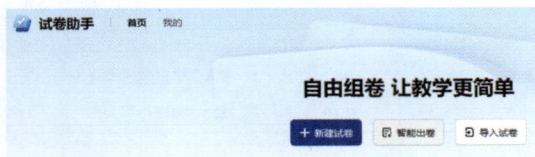

图2.4-9

第 5 步 设置题目

在弹出的页面中对年级教材、教材章节、整卷难度、题型与数量进行设置，然后单击"生成试卷"按钮，如图 2.4-10 所示。

图2.4-10

第 6 步 预览与编辑

生成试卷后，可以在页面中预览试卷，如图 2.4-11 所示。

图2.4-11

单击试题，可以进行编辑、插入、删除题目等操作，如图 2.4-12 所示。

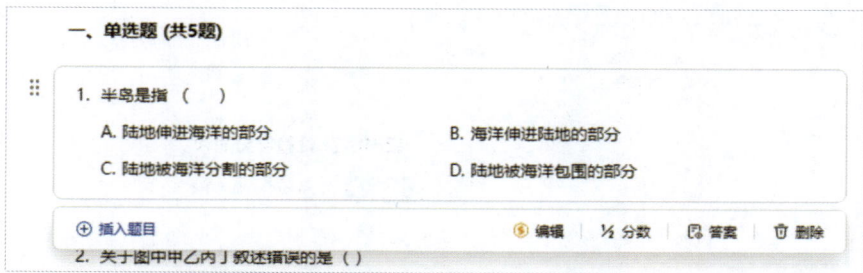

图2.4-12

单击右侧边栏中的"排版美化"按钮，可以对试卷版式、试卷元素和题目间隔等进行调整，如图 2.4-13、图 2.4-14 所示。

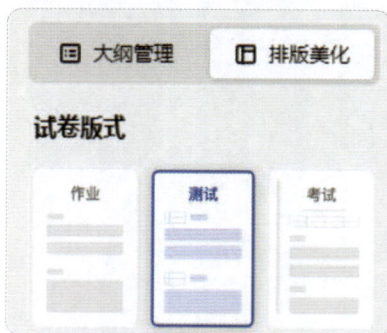

图2.4-13

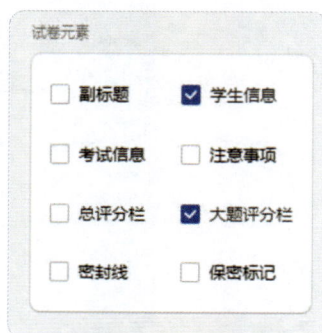

图2.4-14

第 7 步 保存与下载

编辑完成后，单击页面右上方的"保存"按钮可以对试卷在线进行保存，单击"下载"按钮可以下载该试卷，如图 2.4-15 所示。

图2.4-15

单击"下载"按钮之后，在弹出的页面中对文档类型、纸张大小、试卷字号、保存路径等进行设置，然后单击"立即下载"按钮，即可开始下载试卷，如图 2.4-16 所示。

图2.4-16

下载之后的试卷如图 2.4-17 所示。

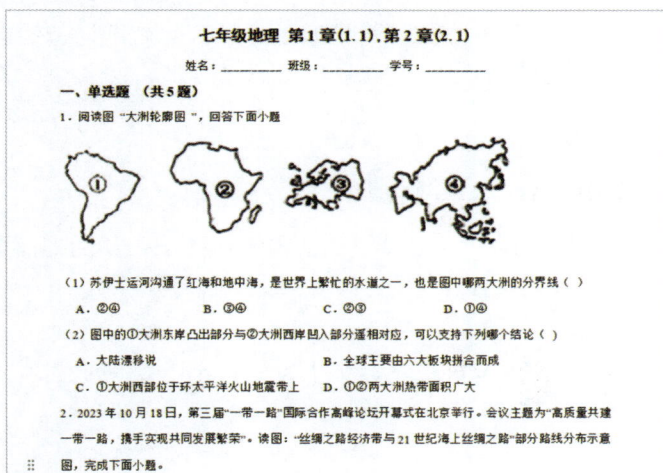

图2.4-17

Tips

　如果下载的试卷文档类型是 DOCX，下载之后，依然可以在文档中对试卷题目或者版式进行编辑。

2.5
辅助作业批改

AI 工具：豆包

批改作业和试题是教师日常工作中不可或缺的一部分，因此教师也经常面临着需要及时批改大量作业和试题的问题。为了减轻负担和提高效率，教师可以使用 AI 工具来辅助自己，AI 工具可以对上传的题目及答案进行识别并提供即时反馈，为教师的作业批改工作提供了强有力的支持。

操作步骤

豆包的智能体可以帮助教师进行作业、试题的批改，只需要将作业或试卷拍照上传，豆包就能对答案的准确性进行检查并给出修改意见。

第 1 步 选择智能体

打开豆包的手机端应用，点击页面左上角的箭头按钮，回到首页，然后点击页面底部的"发现"按钮，如图 2.5-1、图 2.5-2 所示。

图2.5-1

图2.5-2

在搜索框中输入"批改"关键词，然后点击"口算批改"智能体，如图 2.5-3 所示。

图2.5-3

第 2 步　上传作业

点击 ⊙ 按钮，可以直接进行拍照并上传作业照片；点击 ⊕ 按钮，然后再点击"相册"按钮，可以将相册里的作业图片进行上传，如图 2.5-4、图 2.5-5 所示。

图2.5-4

图2.5-5

第 3 步　完成批改

上传完成后，AI 工具会快速对作业进行批改，如果有错误的地方，AI 工具也会进行指正。批改完成后，可以在页面内查看批改结果，如图 2.5-6 所示。

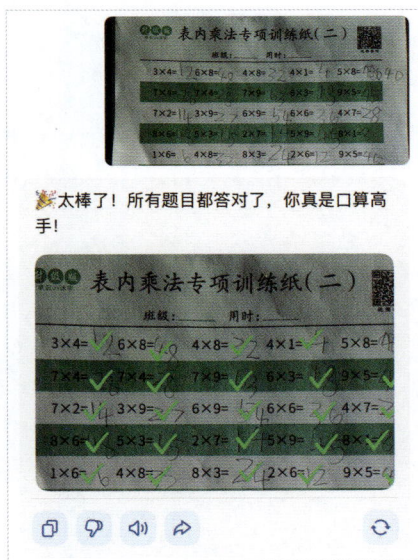

图2.5-6

> **Tips**
>
> "口算批改"智能体擅长的是对口算作业进行批改，如果想要批改其他题型或科目的作业，可以尝试搜索其他相应的智能体来使用。

2.6
辅助作文点评

· **AI教育导师**
· 智能导读
· 知识梳理
· 视频跟学

扫码解锁

AI 工具：豆包

　　对于教师而言，批改作文是一项耗时且需要细致的工作，特别是当涉及语法、词汇选择、逻辑结构以及创意表达等多个维度时。AI 工具可以极大地帮助教师提高批改作文的效率。它们能够在短时间内处理大量的作文，自动检测出各种类型的错误，如语法错误、错别字、标点符号使用不当等，并给出修正建议。

操作步骤

　　通过拍照或者复制的方式将作文内容发送给豆包的智能体，便能得到关于内容、结构、语法等方面的点评建议。

第 1 步 选择智能体

　　打开豆包的手机端应用，在首页底部区域点击"发现"按钮，如图 2.6-1 所示。

　　在搜索框中输入"批改"关键词，然后点击"作文批改助手"智能体，如图 2.6-2 所示。

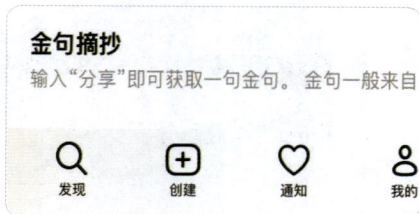

图2.6-1

图2.6-2

第 2 步 上传作文

　　点击 📷 按钮或者 ➕ 按钮，上传作文照片，如图 2.6-3 所示。

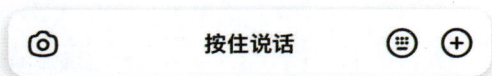

图2.6-3

上传完成后，点击"传完了，开始批改"链接，如图 2.6-4 所示。
然后点击选择所在的阶段，如图 2.6-5 所示。

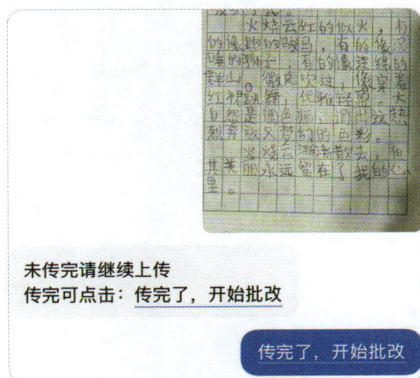

未传完请继续上传
传完可点击：传完了，开始批改

传完了，开始批改

图2.6-4

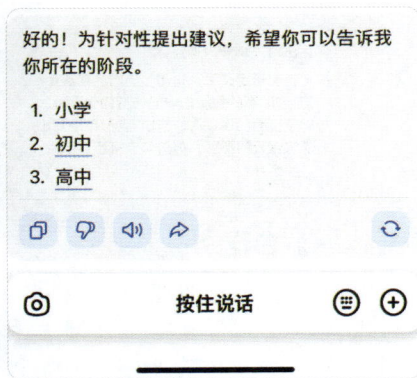

好的！为针对性提出建议，希望你可以告诉我
你所在的阶段。

1. 小学

2. 初中

3. 高中

按住说话

图2.6-5

第 3 步　完成点评

随后，AI 工具会快速对作文进行批改与点评，如图 2.6-6 ～ 图 2.6-8 所示。

全文点评

1. 立意：

- 本文立意恰当。

- 与题目关联紧密，题目是"美丽的火烧云"，文章围绕火烧云的美丽展开描写，紧扣主题。

- 值得表扬的地方是作者能够直接表达对火烧云美丽的感受，让读者能清晰感受到作者对火烧云的喜爱。

- 立意升华的话，可以在结尾处不仅表达火烧云的美丽留在心里，还可以进一步说这种美丽让自己更加热爱大自然，或者启发自己要善于发现生活中的美。

2. 内容：

- 内容能够证明主题，通过对火烧云形状"有的像跑的骏马，有的像沉睡的狮子，有的像连绵的群山"和动态"微风吹过，像穿着红裙跳舞，优雅轻盈"的描写，展现了火烧云的美丽，与主题紧密相连。

图2.6-6

3. 结构：
- 结构完整，有叙述部分，描绘了火烧云的景象；开头直接点明看到火烧云，结尾表达火烧云的美丽留在心中，开头结尾部分简洁明了。
- 结构清晰恰当，主次详略安排较合理，重点描写了火烧云的形状和色彩。
- 结构中没有明确的线索，文章可以以时间的推移作为线索，比如"刚开始看到火烧云时""随着时间的流逝""最后火烧云渐渐散去"，使行文更有条理。

4. 语言：
- 语言连贯流畅，没有歧义，能清晰地表达出对火烧云的感受。
- 语言有一定文采，运用了比喻的修辞手法，如"有的像跑的骏马，有的像沉睡的狮子，有的像连绵的群山"，形象地写出了火烧云的形状。但整体文采还可以进一步提升。

图2.6-7

5. 建议：
- 同学，你的这篇作文已经很棒啦！如果能在描写火烧云的形状时，多使用一些形容词，比如"威风凛凛的骏马""憨态可掬的狮子"，会让这些形象更加生动。在描写火烧云的色彩时，也可以具体说一说像哪种红色，是鲜艳的红还是深沉的红，这样能让读者更好地感受到火烧云的美。继续加油，老师期待你更精彩的作品！

逐句批改

本文亮点佳句有：

1. 佳句：火烧云红的似火，有的像跑的骏马，有的像沉睡的狮子，有的像连绵的群山。【比喻恰当】
2. 佳句：微风吹过，像穿着红裙跳舞，优雅轻盈。【比喻恰当】

图2.6-8

第 4 步　润色作文

如有需要，还可以要求 AI 工具对上传的作文进行润色，点击点评结果下方的"帮我润色本文"链接，即可对作文进行润色，如图 2.6-9 所示。

随后，可以看到 AI 工具润色过后的作文，如图 2.6-10 所示。

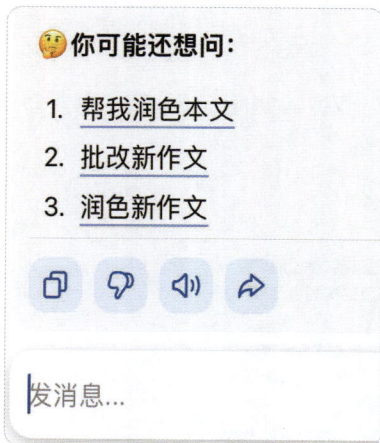

图2.6-9

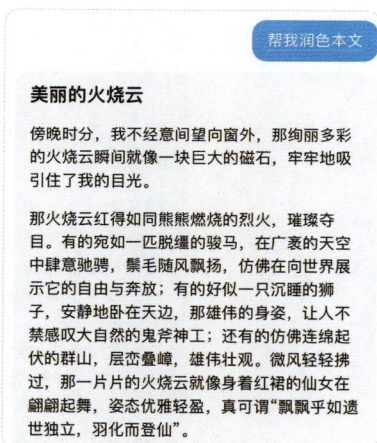

图2.6-10

Tips

教师也可以通过对话框发消息的方式来向 AI 工具传达指令。

对于 AI 工具润色过后的作文，教师可以参考其中的可取之处，以更好地帮助和指导学生。

2.7
提供学习建议

AI 工具：智谱清言

　　在教学过程中，实时的建议和反馈对于学生的学习至关重要。AI 工具可以根据学生的课堂表现、学习进度和需求等信息提供个性化的学习建议，同时也让教师可以及时调整教学策略，从而提升教学质量，确保每一位学生都能够得到最适合自己的教育支持。

操作步骤　　智谱清言可以辅助教师分析学生的学习情况和其他问题，并给出相应的建议。

第 1 步　提出问题

　　进入智谱清言首页，在对话框中输入提示词，向 AI 工具提出问题，然后单击右侧箭头按钮或者按 Enter 键发送，如图 2.7-1 所示。

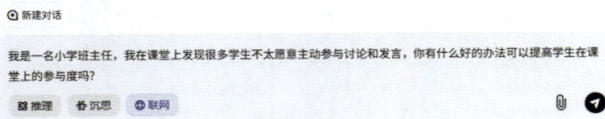

图2.7-1

第 2 步　查看建议

　　随后，可以看到 AI 工具根据问题给出的回答与建议，如图 2.7-2 所示。

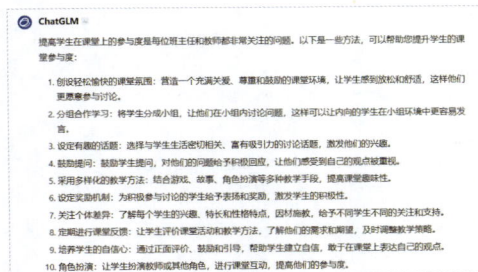

图2.7-2

第 3 步 查看补充建议

单击生成结果下方的提示词模板，可以查看更多的补充建议，如图 2.7-3 所示。

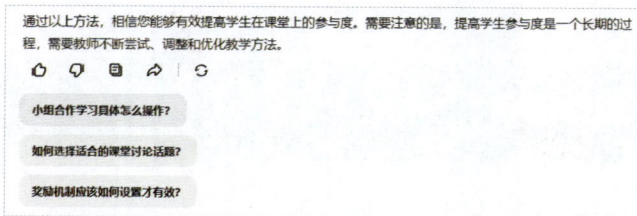

图2.7-3

第 4 步 分析其他问题

按上述方式，让 AI 工具对学生出现的其他问题进行分析并提供建议，如图 2.7-4、图 2.7-5 所示。

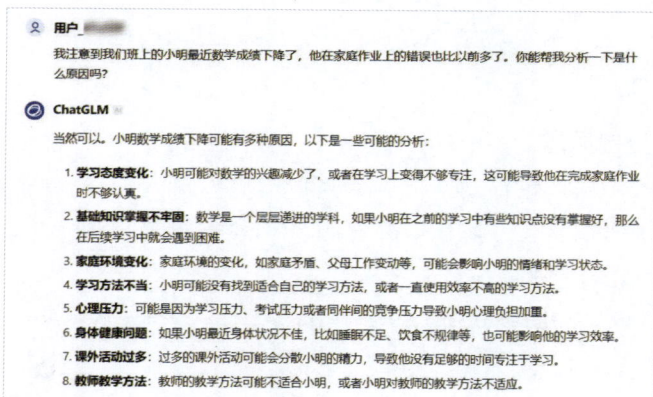

图2.7-4

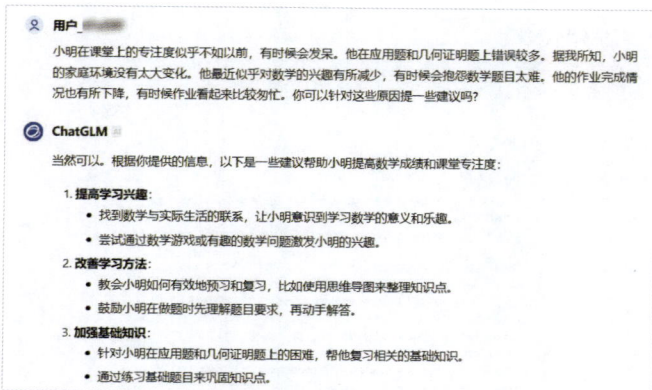

图2.7-5

2.8
课堂互动设计

AI 工具：WPS AI

　　教师在课堂上设计互动环节能够促进学生积极参与，使得学习过程更加生动有趣。这样的教学方法不仅有助于提高学生的注意力和兴趣，还能帮助他们更好地理解和吸收知识。AI 工具可以帮助教师快速生成课堂互动方案，节省教师的时间，提高教学效率。

操作步骤　　　WPS AI 可以根据教学内容和目标生成一系列适合的互动活动建议，如课堂小游戏、小组合作任务等。

第 1 步 唤起 WPS AI

打开 WPS 软件，新建空白文档，如图 2.8-1、图 2.8-2 所示。

连续按下两次 Ctrl 键，唤起 WPS AI，在弹出的场景选项框中单击"去灵感市集探索"按钮，如图 2.8-3 所示。

图2.8-1

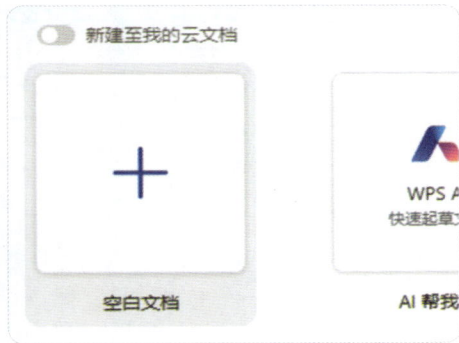

图2.8-2

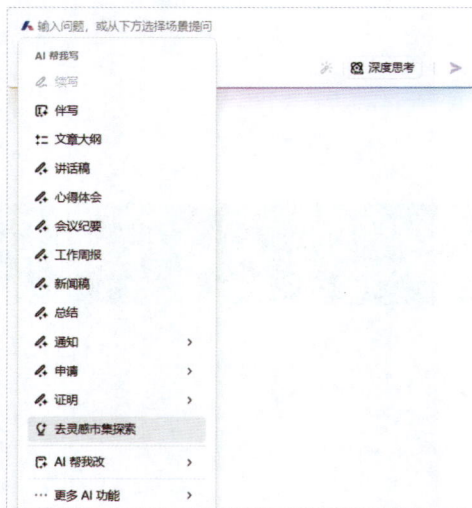

图2.8-3

第 2 步 选择模板

在灵感市集的左侧边栏中单击"教育教学"按钮，然后单击"课堂互动设计"模板中的"使用"按钮，如图 2.8-4 所示。

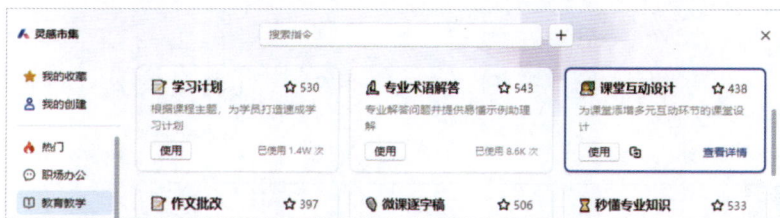

图2.8-4

第 3 步 补充信息

在弹出的课堂互动设计模板中输入指令，将身份信息、教学内容、教学形式、课堂时长等信息补充完整，然后单击右侧箭头按钮或者按 Enter 键发送，如图 2.8-5 所示。

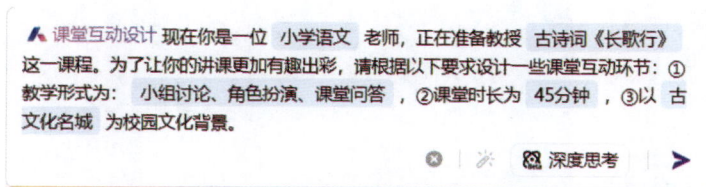

图2.8-5

第 4 步　补充信息

随后，WPS AI 会根据指令生成课堂互动方案，教师可以在页面中进行预览，如果觉得生成的互动方案符合需求，单击"保留"按钮即可，如图 2.8-6、图 2.8-7 所示。

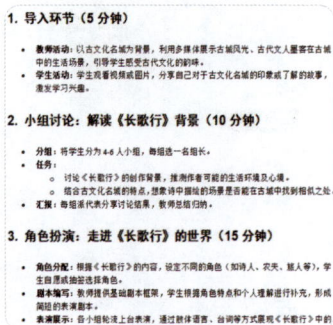

图2.8-6

图2.8-7

Tips

单击"重写"按钮，可以重新生成新的课题互动方案；单击"调整"按钮，可以对方案进行续写、缩写和润色等操作。

第 5 步　补充信息

为了增强课堂互动的趣味性，教师还可以在教学课件中添加一些用于课堂互动的教学工具。在 WPS 中新建演示文稿或者打开制作好的 PPT 课件，如图 2.8-8、图 2.8-9 所示。

图2.8-8

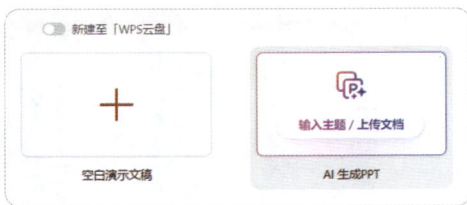

图2.8-9

在"教学工具"选项卡中单击"课堂活动"按钮，如图 2.8-10 所示。

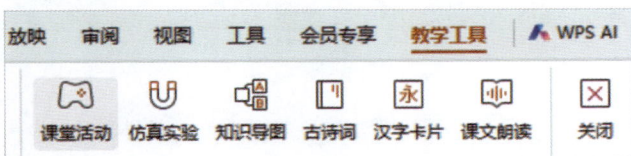

图2.8-10

在左侧边栏中选择活动类型，然后选择想要添加的活动，单击"立即使用"按钮，如图 2.8-11 所示。

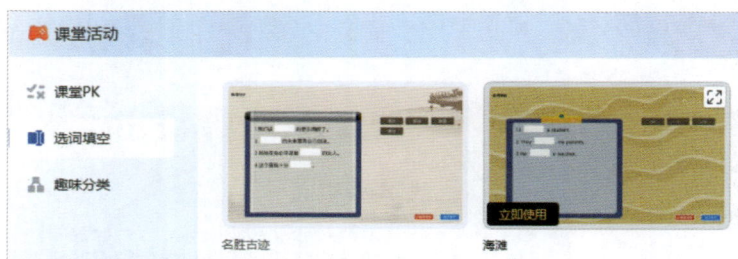

图2.8-11

在弹出的页面中设置好题目，然后单击右上角"预览查看"按钮进入预览页面。预览后，单击"立即使用"按钮即可将该活动工具添加到课件中，如图 2.8-12、图 2.8-13 所示。

图2.8-12

图2.8-13

2.9
生成课程讲稿（一）

AI 工具：WPS AI

　　课程逐字稿是指将教师在课堂上要说的每一句话都详细记录下来的文稿。这种形式的讲稿对于确保内容的准确性和连贯性非常有帮助，尤其是在录制微课或在线课程时。利用 AI 工具生成课程逐字稿不仅可以帮助教师更高效地完成准备工作，同时也为学生提供了更好的学习体验和支持。

操作步骤　　WPS AI 可以帮助教师生成课程主题的逐字稿和讲解重点，让教师在授课时有更充分的准备。

第 1 步　唤起 WPS AI

　　打开 WPS 软件，新建空白文档，唤起 WPS AI，在弹出的场景选项框中单击"去灵感市集探索"按钮，如图 2.9-1 所示。

图2.9-1

第 2 步　选择模板

　　在灵感市集的左侧边栏中单击"教育教学"按钮，然后单击"微课逐字稿"模板中的"使用"按钮，如图 2.9-2 所示。

图2.9-2

第3步 补充信息

在弹出的微课逐字稿模板中输入指令，将身份信息、课程主题、教学重点、讲解风格、课程时长等信息补充完整，然后单击右侧箭头按钮或者按 Enter 键发送，如图 2.9-3 所示。

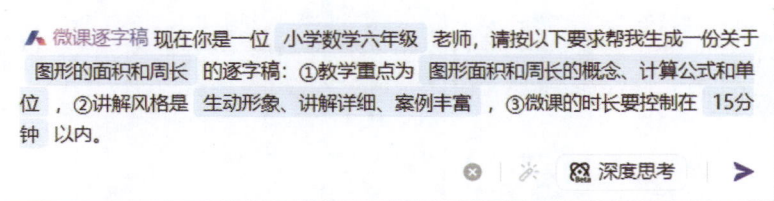

图2.9-3

第4步 查看讲稿

随后，WPS AI 会根据指令生成逐字稿，教师可以在页面中进行预览，如图 2.9-4、图 2.9-5 所示。

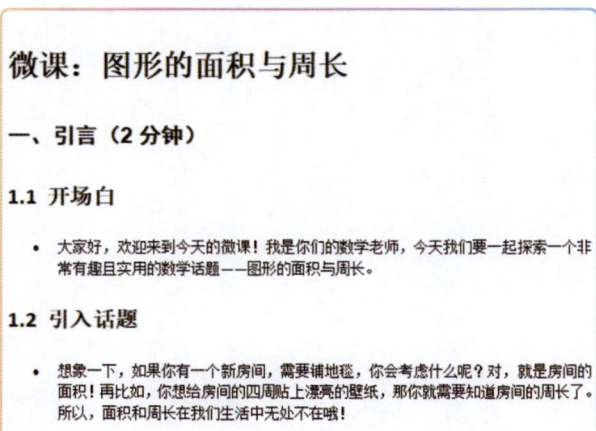

图2.9-4

5.2　鼓励与期待

- 希望同学们在课后能多观察身边的图形，尝试用今天学到的知识去解决实际问题。下节课，我们将继续探索更多有趣的数学知识，期待大家的精彩表现！

以上就是本次微课的全部内容，希望大家喜欢！如果有任何问题或疑惑，欢迎随时向我提问。再见！

AI生成的内容仅供参考，请注意甄别信息准确性

图2.9-5

第 5 步　调整讲稿

如果觉得生成的逐字稿不符合需求，可以进行调整。单击"调整"按钮，可以对逐字稿进行续写、润色、扩写或缩写，如图 2.9-6 所示。

← 微课逐字稿 现在你是一位小学数学六年级老师，……　　　1/1

继续输入　　　> 　　　调整 ^　　重写　　弃用　　保留

续写

润色　　　>　　快速润色

扩写　　　　　更正式

缩写　　　　　党政风

更活泼

口语化

更学术

图2.9-6

调整之后，可以看到重新生成的逐字稿，如果觉得调整后的内容符合需求，单击"保留"按钮即可使用该逐字稿，如图 2.9-7 所示。

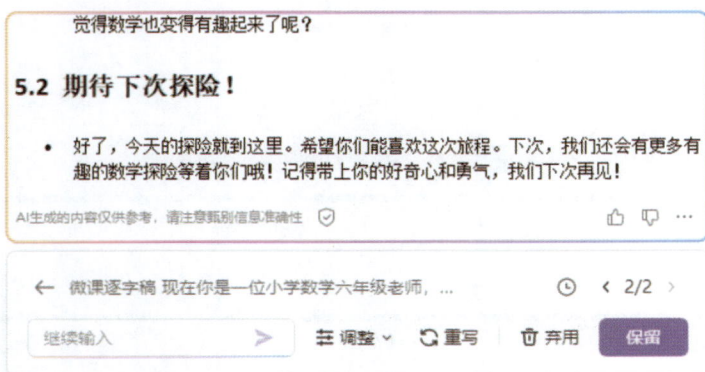

觉得数学也变得有趣起来了呢？

5.2　期待下次探险！

- 好了，今天的探险就到这里。希望你们能喜欢这次旅程。下次，我们还会有更多有趣的数学探险等着你们哦！记得带上你的好奇心和勇气，我们下次再见！

AI生成的内容仅供参考，请注意甄别信息准确性

← 微课逐字稿 现在你是一位小学数学六年级老师，……　　　2/2

继续输入　　　> 　　　调整 ∨　　重写　　弃用　　保留

图2.9-7

2.10
生成课程讲稿（二）

　　随着 AI 技术的发展，越来越多充满创意的工具可以用来辅助教学，例如，让照片开口说话这样的 AI 工具，它可以为教师提供一种新颖且吸引学生注意力的教学方式。通过这种技术，教师能够将静态的历史图片、科学图表或文学作品中的插图变得生动起来，仿佛这些图像中的人物或对象可以直接与学生们交流。这不仅有助于提高课堂趣味性，还能加深学生对知识点的理解和记忆。

操作步骤　　教师可以借助豆包生成人物插图和文本台词，然后再使用即梦 AI 让人物的照片动起来。

第 1 步　生成插图

进入豆包首页，单击"图像生成"按钮，如图 2.10-1 所示。

AI 搜索 实时资讯，丰富信源，整合搜索	**帮我写作** 多种体裁，润色校对，一键成文
图像生成 自定风格，搜集灵感，复制同款	**阅读总结** 论文课件，财报合同，翻译总结

图2.10-1

在对话框中输入提示词，让 AI 工具生成人物头像插图，然后单击右侧箭头按钮或者按 Enter 键发送，如图 2.10-2 所示。

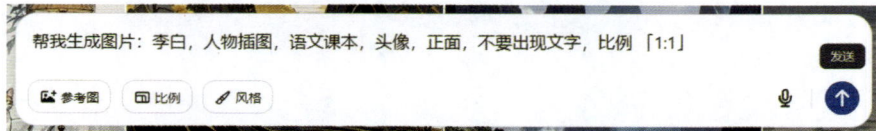

帮我生成图片：李白，人物插图，语文课本，头像，正面，不要出现文字，比例「1:1」 发送

参考图　　比例　　风格

图2.10-2

在生成的图片中选择符合需求的图片进行下载，如图 2.10-3 所示。

图2.10-3

第 2 步 生成文本

进入豆包的"发现 AI 智能体"页面，在搜索框中输入"李白"，然后单击"李白"智能体，如图 2.10-4 所示。

图2.10-4

单击已有的提示词模板或者在对话框中输入提示词，与智能体进行对话，将智能体回答的文本收集起来，作为后续配音的文本使用，如图 2.10-5、图 2.10-6 所示。

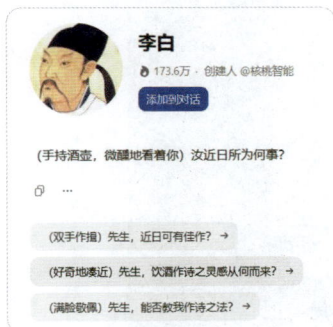

图2.10-5

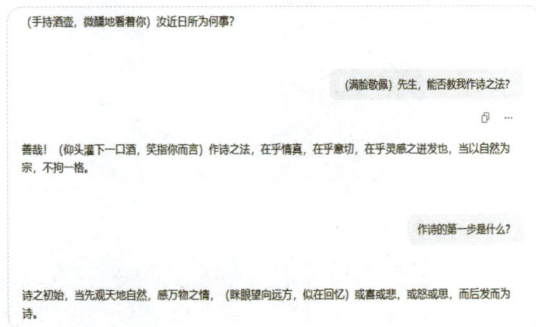

图2.10-6

第 3 步 打开即梦 AI

进入即梦 AI 首页界面，点击"视频生成"按钮，如图 2.10-7 所示。

图2.10-7

第 4 步 上传图片

点击 ▇ 按钮上传头像，上传完成后，在对话框中输入"开口说话"，点击 ▇ 按钮，如图 2.10-8 所示。

图2.10-8

第 5 步 查看效果

随后就能在页面内查看生成的效果，如图 2.10-9 所示。

图2.10-9

第 6 步 调整修改

　　点击视频，进入视频编辑页面，如图 2.10-10 所示。在页面右下角的操作面板中，可对视频进行对口型、AI 音效、补帧、提升分辨率、AI 配乐的操作，如图 2.10-11 所示。

图2.10-10

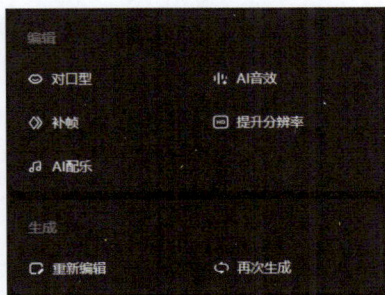

图2.10-11

第 7 步 下载保存

调整结束后，点击页面上方的下载按钮，即可下载视频。如图 2.10-12 所示。

图2.10-12

第 3 章
班级事务管理

　　在日常教学之外，教师可能还需要进行班级事务的管理，尤其是班主任。教师需要确保这些事务得到妥善处理，以便创造一个有序且高效的学习环境。随着 AI 技术的发展，一些辅助性的管理工作可以通过 AI 工具来实现，从而减轻教师的工作负担，让教师有更多时间和精力专注于教学质量和学生的个性化发展。

03

3.1
制定班级规则

AI 工具：天工 AI

　　班规是指在班级中为了维持良好的学习环境和秩序而制定的一系列规定和准则，通常由教师和学生共同讨论后确定，用 AI 工具来拟定班规的初案可以增强规则的公平性和执行的一致性。AI 工具可以根据需求快速生成一套全面、系统的规则体系，同时还能根据不同班级的特点和需求进行个性化调整。

操作步骤　　天工 AI 的对话助手可以帮助教师初拟一套班级规则，并根据需求进行调整。

第 1 步　注册与登录

进入天工 AI 首页，注册账号并登录，如图 3.1-1 所示。

图3.1-1

第 2 步　选择对话助手

在左侧边栏中单击"天工 3.0 大模型"按钮，如图 3.1-2所示。

图3.1-2

第 3 步　输入提示词

在对话框中输入提示词，让 AI 工具根据提示词制定班级规则，然后单击右侧箭头按钮或者按 Enter 键发送，如图 3.1-3 所示。

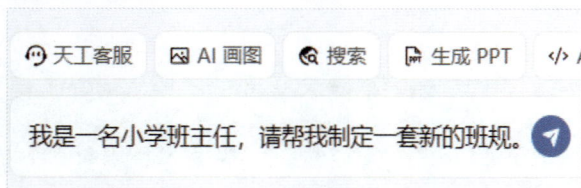

图3.1-3

第 4 步　查看班规

随后，可以看到 AI 工具生成的班规，如图 3.1-4、图 3.1-5 所示。

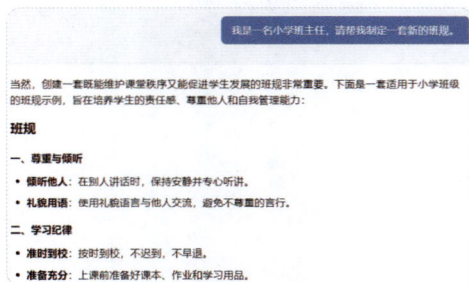

图3.1-4

图3.1-5

第 5 步　补充与调整

查看班规初案后，如有需要，可以继续通过对话来添加或者修改规章制度，如图 3.1-6 所示。

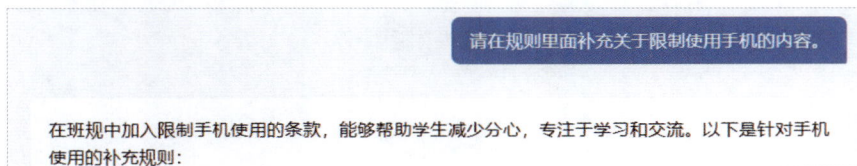

图3.1-6

> **Tips**
> 教师可以将 AI 工具生成的班规初案与学生进行讨论，并按班级的实际情况进行适当调整后再使用。

3.2
开学物品清单

AI 工具：WPS AI

　　在开学之际，教师为学生列出开学物品清单有助于确保学生们能够顺利地开始新学期的学习生活。AI 工具可以帮助教师快速列出详细的开学物品清单，帮助学生和家长明确哪些是必需品，从而避免遗漏学习物品。

操作步骤　　　　WPS AI 的开学物品清单模板可以帮助教师一键生成学生所需要的清单列表。

第 1 步 选择工具

打开 WPS 软件，新建智能文档，如图 3.2-1 所示。

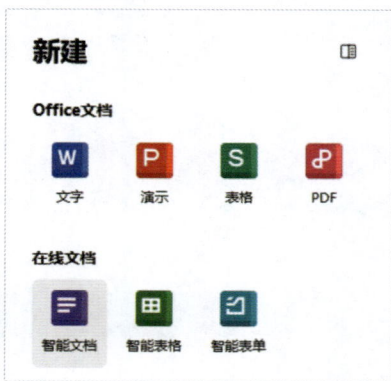

图3.2-1

第 2 步 创建智能文档

在跳转的页面中，单击"AI 模板"选项中的"查看更多"按钮，如图 3.2-2 所示。

图3.2-2

单击"教育行业"按钮，然后单击"开学物品清单"按钮，如图 3.2-3 所示。

图3.2-3

第 3 步　设置模板

在 AI 模板设置面板中对学生所处的教育阶段进行选择，在"特殊需求"文本框中输入具体的需求，然后单击"开始生成"按钮，如图 3.2-4 所示。

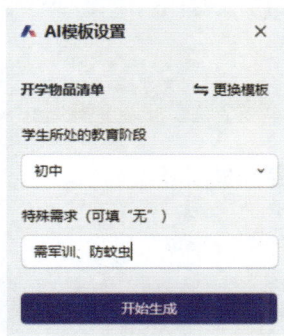

图3.2-4

在弹出的页面中单击"确定"按钮，如图 3.2-5 所示。

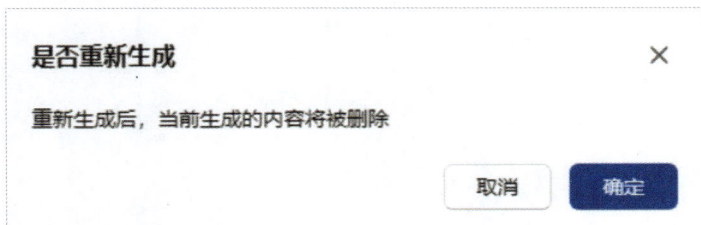

图3.2-5

第 4 步 查看清单

生成清单后，可以在页面中进行预览，如果预览后觉得该清单基本符合需求，单击"完成"按钮即可，如图 3.2-6 所示。

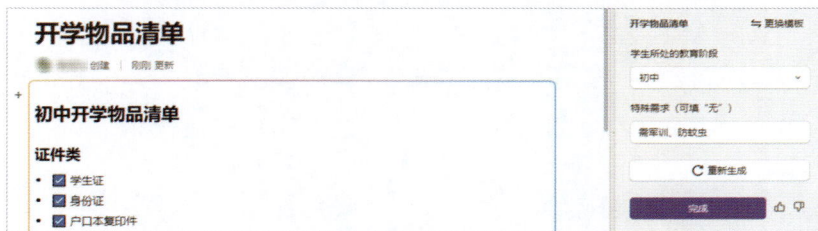

图3.2-6

> **Tips**
>
> 如果觉得生成的清单不符合需求，可以单击"重新生成"按钮，生成新的清单。

第 5 步 编辑与使用

单击"完成"按钮之后，进入到可编辑页面，教师可以在这个页面对清单的内容、版式等继续进行调整后再使用，如图 3.2-7 所示。

图3.2-7

3.3
撰写放假通知

AI 工具：WPS AI

放假通知是学校和班级经常会发布的一种通知，它可以让学生和家长了解到最新的放假安排。AI 工具拥有强大的语言处理能力和丰富的知识储备，能够快速生成准确、清晰且富有条理的放假通知内容。它还可以根据不同的放假类型和具体要求，灵活调整语言风格和通知重点，确保通知既传达了必要的信息，又符合学校和班级的整体氛围。

操作步骤

WPS AI 可为教师提供多种放假通知的写作模板，帮助教师快速撰写出符合需求的放假通知。

第 1 步　唤起 WPS AI

打开 WPS 软件，新建空白文档，单击菜单栏里的 WPS AI 选项卡，唤起 WPS AI，然后在 AI 工具栏中单击"帮我写"，如图 3.3-1 所示。

图3.3-1

Tips

在新建的空白文档中连续按下两次 Ctrl 键，也可以唤起 WPS AI。

第 2 步　选择场景

在弹出的场景选项框中单击"通知"按钮，然后单击"放假通知"按钮，如图 3.3-2 所示。

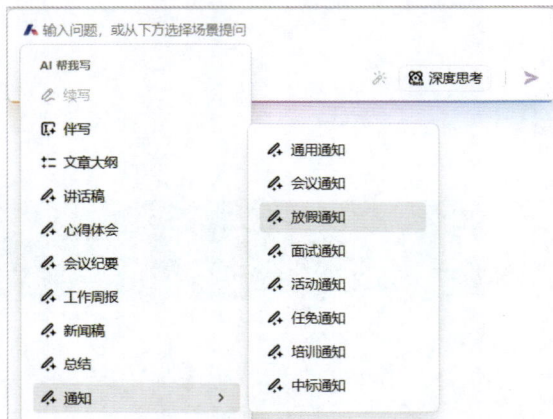

图3.3-2

第 3 步 编辑与使用

在弹出的放假通知模板中输入指令，将假期名称、接收方、发送方、放假时间等信息补充完整，然后单击右侧箭头按钮或者按 Enter 键发送，如图 3.3-3 所示。

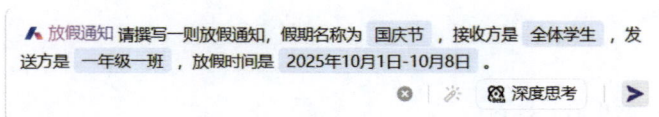

图3.3-3

第 4 步 预览与调整

随后，WPS AI 会根据指令生成放假通知，教师可以在页面中进行预览，如果觉得生成的放假通知不符合需求，可以进行调整。单击"调整"按钮，可以对其进行润色、扩写或缩写，如图 3.3-4 所示。

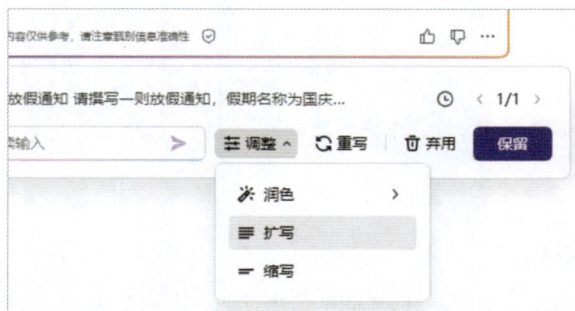

图3.3-4

除了单击"调整"按钮，也可以在对话框中继续输入指令来进行调整。单击对话框，然后单击"强调假期注意事项"这个指令并发送，如图 3.3-5、图 3.3-6 所示。

图3.3-5

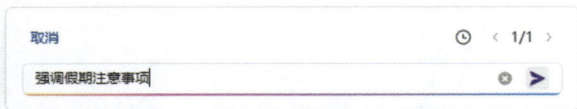

图3.3-6

第 5 步　保留与使用

随后，可以看到 WPS AI 根据指令对放假通知的内容进行了调整，如果觉得调整后的通知符合需求，单击"保留"按钮即可使用该通知，如图 3.3-7 所示。

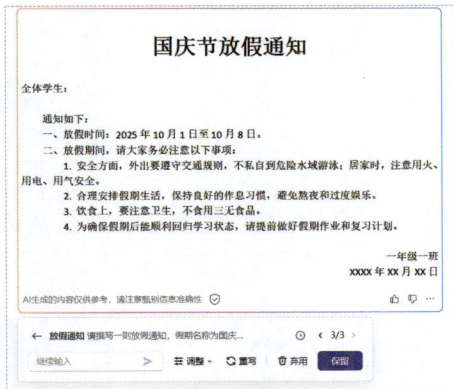

图3.3-7

Tips

教师可以参照上述步骤对生成的放假通知不断进行调整和优化，直至写出最符合需求的放假通知。

第 6 步　使用其他模板

唤起 WPS AI，在弹出的场景选项框中单击"去灵感市集探索"按钮，如图 3.3-8 所示。

图3.3-8

在灵感市集的搜索框中输入"放假"关键词，然后会看到一个放假通知模板，单击"使用"按钮即可使用该模板，如图 3.3-9 所示。

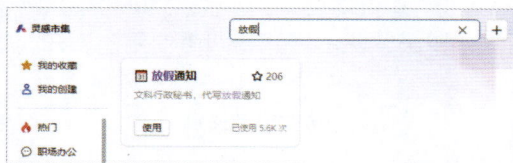

图3.3-9

第 7 步 编辑模板

单击模板里的文字区域，可以对内容进行修改。模板编辑完成后，单击右侧箭头按钮或者按 Enter 键发送，即可生成放假通知，如图 3.3-10 所示。

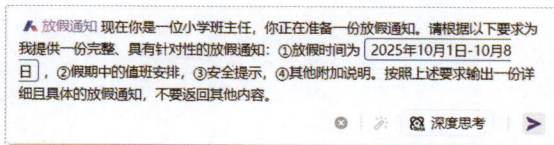

图3.3-10

教师可以在此基础上继续进行编辑，如图 3.3-11 所示。

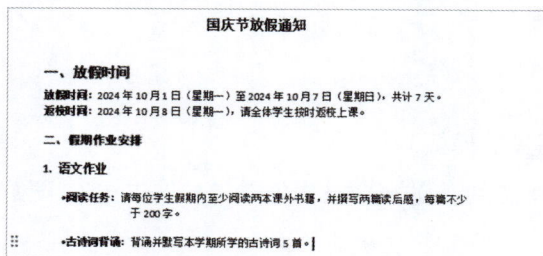

图3.3-11

3.4
撰写班群通知

AI 工具：讯飞星火

　　班级群和家长群是学生、家校之间沟通的桥梁，起着关键的纽带作用，教师可以使用群通知来及时传达班级或学校的各项安排、课程调整、活动信息等。AI 工具可以帮助教师撰写群通知，能够帮助教师更高效地组织语言，确保信息清晰准确地传达给学生和家长。

操作步骤

讯飞星火的对话、智能体以及 WPS AI 的群通知文案模板都能根据教师提供的主要内容来撰写班级群或者家长群通知。

第 1 步 互动对话撰写

　　进入讯飞星火首页，单击对话框上方的"内容写作"按钮，如图 3.4-1 所示。

图3.4-1

　　选择写作类型为"通知"，选择写作语气为"礼貌"，在对话框中输入通知内容，然后单击"发送"按钮或者按 Enter 键发送，如图 3.4-2 所示。

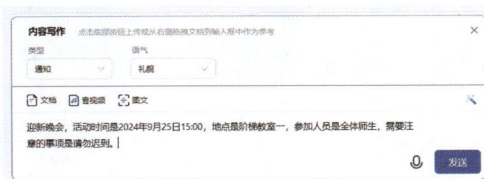

图3.4-2

　　随后，可以看到 AI 工具生成的通知文案，如图 3.4-3 所示。

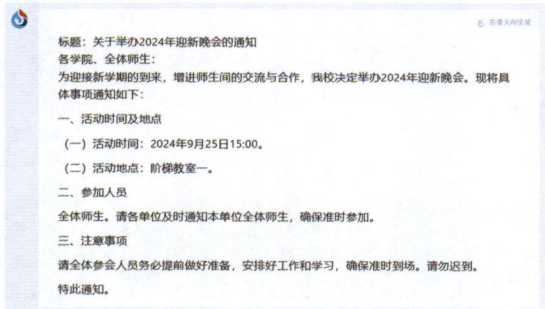

图3.4-3

Tips

如果想要调整通知内容，可以继续和讯飞星火进行对话。

第 2 步 **智能体撰写**

单击讯飞星火首页左侧边栏中的"智能体中心"按钮，进入智能体中心，如图 3.4-4 所示。

图3.4-4

在搜索框中输入"群通知"关键词，按 Enter 键进行搜索，然后单击"家长群通知"智能体，如图 3.4-5 所示。

图3.4-5

单击第三个提示词模板，随后可以看到 AI 工具生成的通知文案，如图 3.4-

6、图 3.4-7 所示。

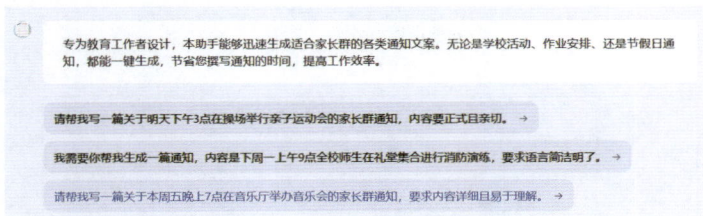

图3.4-6

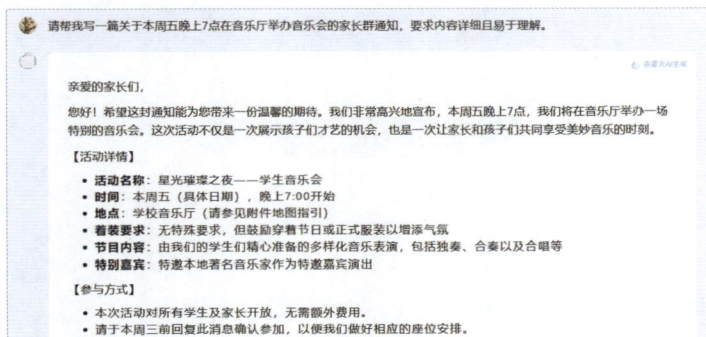

图3.4-7

> **Tips**
>
> 如果想要调整通知内容，可以继续和讯飞星火进行对话。

第 3 步 模板撰写

打开 WPS 软件，新建智能文档，进入 AI 模板页面，单击"校园生活"按钮，然后单击"家长群通知文案"按钮，如图 3.4-8 所示。

图3.4-8

在文本框中输入通知主题和通知要点，然后单击"开始生成"按钮，如图

3.4-9 所示。

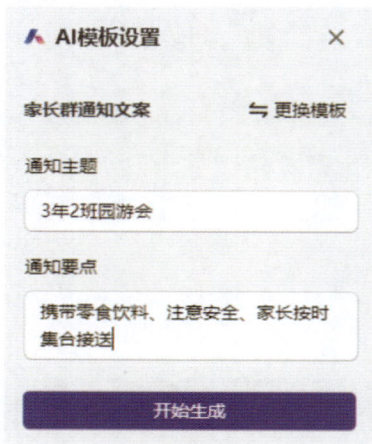

图3.4-9

随后，可以在页面中对 WPS AI 生成的家长群通知文案进行预览，如果觉得该通知文案符合需求，单击"完成"按钮即可编辑和使用该文案，如图 3.4-10 所示。

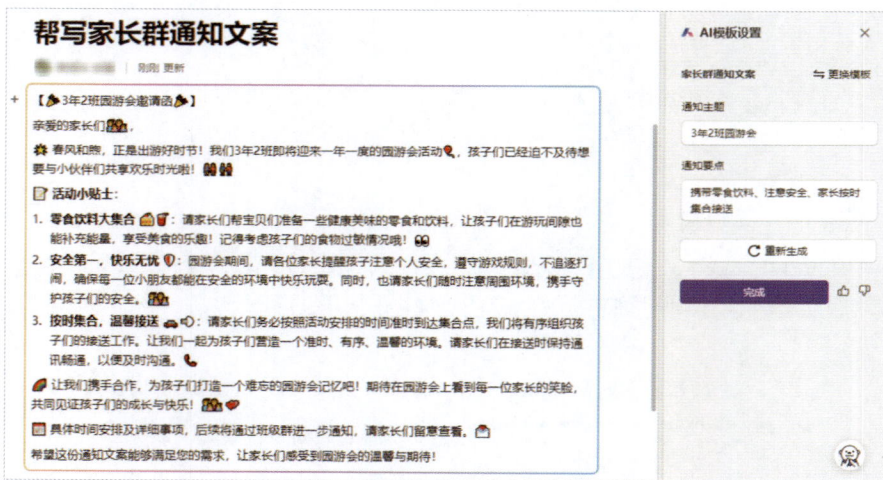

图3.4-10

> **Tips**
>
> 以上各种方式生成群通知文案的风格会有所区别，教师可以进行对比并选择更适合自己需求的方式来撰写班级群或者家长群通知。

3.5
准备演讲稿件

AI 工具：WPS AI

对于教师而言，演讲不仅是传授知识的过程，也是展示个人专业素养和教学风格的机会。因此，有充分准备的演讲稿能够使教师在讲台上更加自信。教师可以使用 AI 工具来定制演讲内容，提升演讲的效果。

操作步骤　　　　WPS AI 的生成演讲稿模板可以根据不同的场合和需求来撰写和调整演讲稿，支持教师更好地完成日常工作。

第 1 步 选择 AI 模板

打开 WPS 软件，新建智能文档，进入 AI 模板页面，单击"教育行业"按钮，然后单击"生成演讲稿"按钮，如图 3.5-1 所示。

图3.5-1

第 2 步 设置模板

在 AI 模板设置面板中对应用场景、目标听众、演讲目的、结构框架和演讲主题进行输入和选择，单击"开始生成"按钮，如图 3.5-2、图 3.5-3 所示。

如果对生成的结果不满

图3.5-2

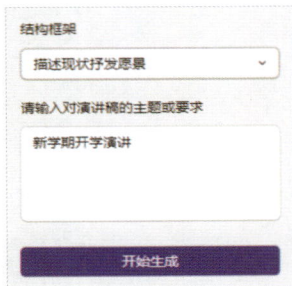

图3.5-3

意，可重新生成演讲稿，在弹出的页面中单击"确定"按钮，如图 3.5-4 所示。

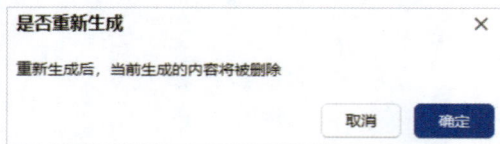

图3.5-4

第 3 步 查看演讲稿

生成演讲稿后，可以在页面中进行预览，如果预览后觉得该演讲稿基本符合需求，单击"完成"按钮即可，如图 3.5-5 所示。

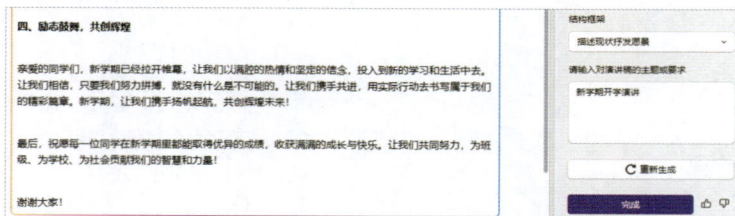

图3.5-5

第 4 步 编辑与使用

单击"完成"按钮之后，进入到可编辑页面，教师可以在这个页面对演讲稿的内容、版式等进行调整后再使用，如图 3.5-6 所示。

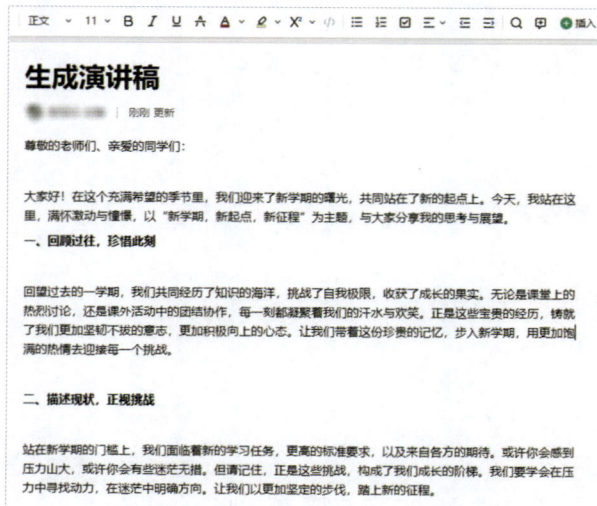

图3.5-6

第 5 步　使用其他模板

新建空白文档，单击菜单栏里的 WPS AI 选项卡，连续按下两次 Ctrl 键，唤起 WPS AI，在弹出的场景选项框中单击"去灵感市集探索"按钮，如图 3.5-7 所示。

在左侧边栏中单击"教育教学"按钮，然后单击"演讲稿"模板中的"使用"按钮，如图 3.5-8 所示。

图3.5-7

图3.5-8

在弹出的演讲稿模板中输入指令，将演讲稿主题、目标听众、演讲时长、演讲稿风格、适用场合等信息补充完整，然后单击右侧箭头按钮或者按 Enter 键发送，如图 3.5-9 所示。

随后，WPS AI 会根据指令生成演讲稿，教师可以在页面中进行预览，如果觉得生成的演讲稿符合需求，单击"保留"按钮即可，如图 3.5-10 所示。

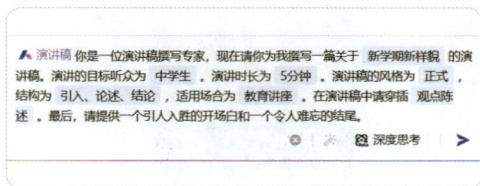

图3.5-9

图3.5-10

> **Tips**
>
> 如果觉得生成的演讲稿不符合需求，可以参照案例 3.3 中的步骤对演讲稿进行调整和润色。

3.6
管理学生档案

AI 工具：智谱清言

　　学生档案包含大量学生的基本信息，更新和处理这些信息总是需要耗费许多时间与精力。为了更高效地管理学生档案，教师可以使用带有数据分析和处理功能的 AI 工具来帮助自己，这样可以确保信息的准确性。同时，AI 工具可以从大量数据中提取有价值的信息，帮助教师更好地了解学生的基本情况。

操作步骤　　　智谱清言的数据分析功能可以对上传的表格进行数据处理和可视化分析，并生成数据分析报告。

第 1 步 选择功能

进入智谱清言首页，单击左侧边栏中的"数据分析"按钮，如图 3.6-1 所示。

第 2 步 上传文件

单击对话框中的 🔗 按钮，上传学生档案的表格，如图 3.6-2 所示。

图3.6-1

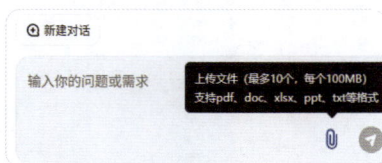
图3.6-2

第 3 步 输入要求

　　上传完成后，在对话框中输入数据处理和分析的要求，然后单击右侧箭头按钮或者按 Enter 键发送，如图 3.6-3 所示。

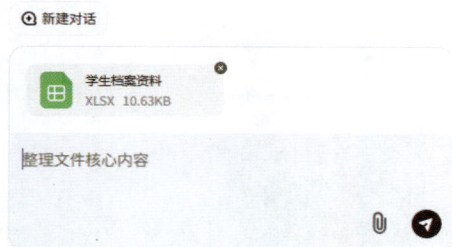

图3.6-3

第 4 步　查看分析结果

随后，AI 工具会对整个表格的数据进行分析，并给出计算结果，如图 3.6-4、图 3.6-5 所示。

图3.6-4

图3.6-5

第 5 步　进行其他分析

在对话框中输入其他要求，让 AI 工具对学生档案进行进一步的分析，如图 3.6-6、图 3.6-7 所示。

图3.6-6

图3.6-7

第 6 步　进行可视化分析

智谱清言的数据分析功能也可以对表格进行可视化分析，如图 3.6-8、图 3.6-9 所示。

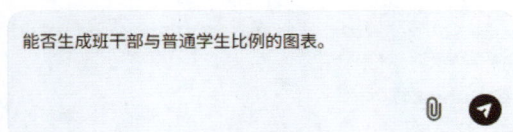

图3.6-8

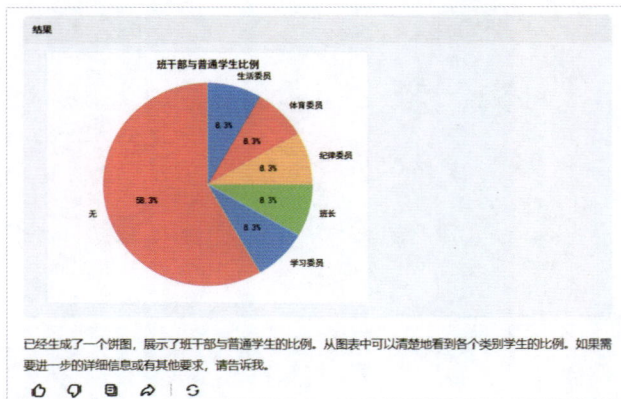

图3.6-9

第 7 步 生成数据分析报告

智谱清言能够根据预设的模板和用户需求，自动生成结构化的数据分析报告，如图 3.6-10、图 3.6-11 所示。

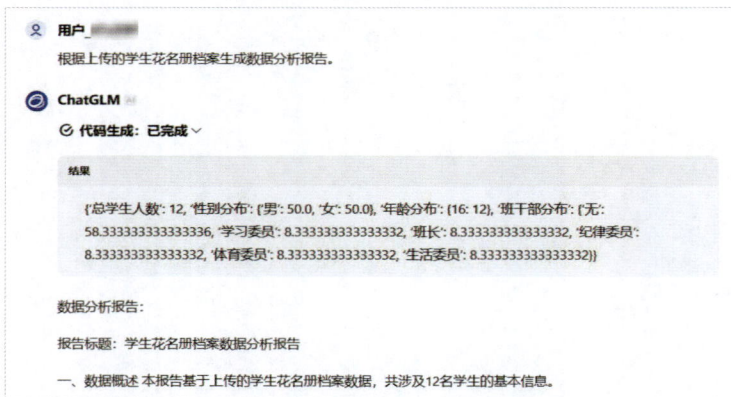

图3.6-10

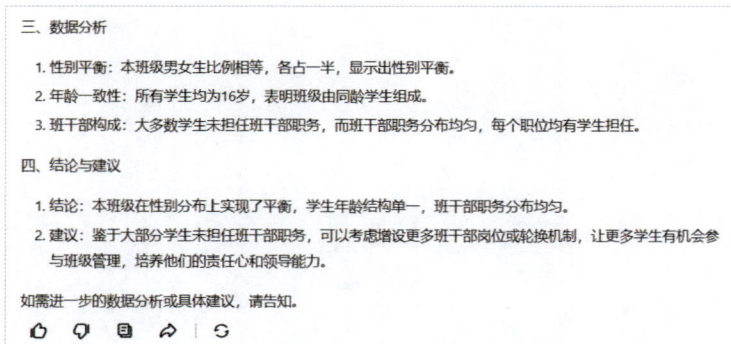

图3.6-11

3.7
成绩统计分析

AI 工具：WPS AI+ 豆包

统计和分析学生成绩是教师的工作之一，这有助于教师评估教学成果，判断教学方法是否得当，是否需要调整教学策略和进度。AI 工具可以让教师避免传统而繁琐的统计工作，帮助教师在短时间内完成数名学生成绩的汇总和分析，让教师能够将更多的时间投入到教学准备和对学生的个别指导中。

操作步骤

教师可以借助 WPS AI 来快速统计学生成绩和标记重点信息，同时可以让豆包对学生的学习成绩做出分析和提出建议。

第 1 步　唤起 WPS AI

在 WPS 中打开一张学生成绩表，如图 3.7-1 所示。

在菜单栏中单击 WPS AI 选项卡，唤起 WPS AI，然后单击"AI 写公式"按钮，如图 3.7-2 所示。

学生期末成绩统计										
学号	姓名	性别	年龄	语文	数学	英语	物理	化学	生物	总分
1001	张三	男	18	85	101	135	82	88	76	
1002	李四	女	17	92	125	127	78	82	89	
1003	王五	男	17	135	90	116	90	96	82	
1004	赵六	女	17	85	130	119	93	90	85	
1005	孙七	男	18	90	112	103	79	78	83	
1006	周八	女	17	121	105	97	80	92	87	
1007	吴九	男	17	100	109	105	99	78	95	
1008	郑十	女	18	102	95	125	83	82	80	
各科平均分										

图3.7-1

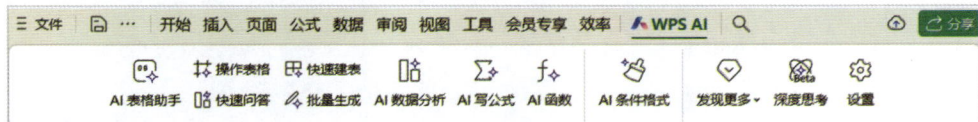

图3.7-2

第 2 步　统计成绩

在弹出的 AI 函数公式面板的对话框输入问题，然后单击右侧箭头按钮或者按 Enter 键发送，如图 3.7-3 所示。

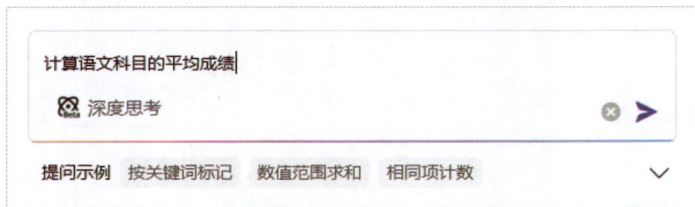

图3.7-3

随后，可以看到 WPS AI 会根据提出的需求自动选择函数公式计算出结果，从而统计出平均成绩，如果觉得计算的结果没有问题，单击面板中的"完成"按钮即可，如图 3.7-4 所示。

图3.7-4

按上述方式，同样可以快速统计出每个学生各科目的总成绩之和，如图 3.7-5 所示。

图3.7-5

Tips

如果不知道如何提问，可以参照面板中的提问示例。

提问之后，WPS AI 会给出相应的函数公式和对公式的解释，如果对生成的统计结果有疑问，可以对公式或者公式解释进行查看。

如果提问之后，WPS AI 未能给出正确的公式和结果，可以尝试更换提问的方式，使用让 AI 工具更易于理解的话术进行表达，例如，将"计算张三所有科目的总成绩"更换为"计算行 3 所有科目的总成绩"。

第 3 步 智能标记

唤起 WPS AI，然后单击"AI 条件格式"按钮，如图 3.7-6 所示。

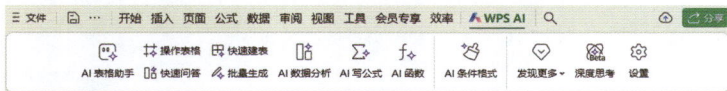

图3.7-6

在 AI 条件格式面板的对话框中输入问题，然后单击右侧箭头按钮或者按 Enter 键发送，如图 3.7-7 所示。

图3.7-7

随后，可以看到 WPS AI 会对符合需求的单元格进行标记，如果该标记结果正确，单击面板中的"完成"按钮即可，如图 3.7-8 所示。

图3.7-8

单击面板中的"格式"按钮，可以在下拉选项框中选择更多的格式或者对格式进行自定义，如图 3.7-9 所示。

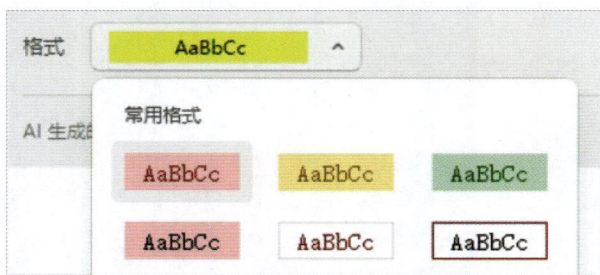

图3.7-9

第4步 分析成绩

进入豆包首页，单击"更多"按钮，然后单击"数据分析"按钮，如图 3.7-10、图 3.7-11 所示。

图3.7-10

图3.7-11

单击"浏览文件"按钮，上传表格，如图 3.7-12 所示。

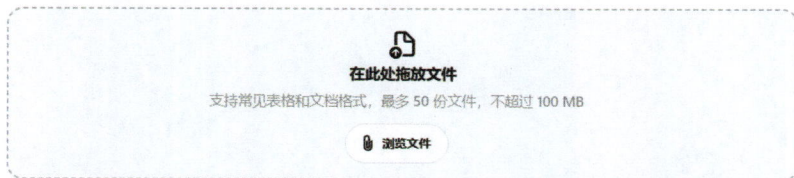

图3.7-12

上传完成后，在对话框中输入需求并发送，如图 3.7-13 所示。

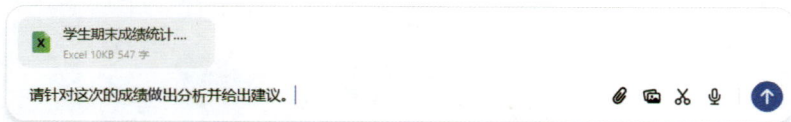

图3.7-13

随后，可以看到 AI 工具对成绩进行了分析并给出了建议，如图 3.7-14、图 3.7-15 所示。

图3.7-14

物理	85.500	99.0	78.0	7.615773
化学	85.750	96.0	78.0	6.713526
生物	84.625	95.0	76.0	5.829420

从平均分来看，英语成绩最高，为 115.875 分，生物成绩最低，为 84.625 分。这表明学生在英语学科上的整体表现相对较好，而在生物学科上可能需要更多的努力。

最高分和最低分反映了学生在各科成绩上的极端情况。语文的最高分是 135 分，最低分是 85 分，差距较大，说明学生在语文学习上的水平差异较为明显。其他科目也存在类似的情况。

标准差衡量了数据的离散程度。标准差越大，说明数据的分布越分散，学生之间的成绩差异越大。从结果来看，语文的标准差最大，为 16.850445，说明学生在语文成绩上的差异较为显著。

综合以上分析，建议教师在教学中关注学生的个体差异，针对不同学科和学生的特点，采取有针对性的教学方法和辅导措施。对于成绩较低的学科，可以加强基础知识的教学，提供更多的练习和辅导机会；对于成绩差异较大的学科，可以组织学习小组，促进学生之间的交流和互助。同时，鼓励学生制定合理的学习计划，提高学习效率，培养自主学习能力。

图3.7-15

3.8
撰写学生评语

AI 工具：WPS AI+ 智谱清言

通过评语，教师可以对学生的学习表现、作业完成情况或课堂参与度等给出具体的评价和反馈。这种反馈可以帮助学生了解自己在哪些方面做得好，在哪些方面需要改进。使用 AI 工具来撰写评语可以为教师提供一种高效且一致的方式来给予学生反馈。AI 工具能够根据学生的具体表现自动生成个性化的评语，不仅节省了教师宝贵的时间，还能确保每位学生都能获得针对其个人情况的建议与鼓励。

操作步骤　WPS AI 和智谱清言都可以根据教师的需求来撰写评语，为教师撰写评语提供有力的支持。

第 1 步 唤起 WPS AI

打开 WPS 软件，新建空白文档，唤起 WPS AI，在弹出的场景选项框中单击"去灵感市集探索"按钮，如图 3.8-1 所示。

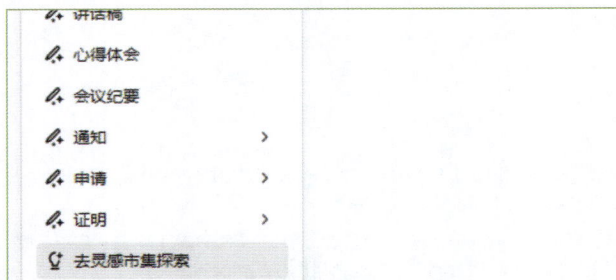

图3.8-1

第 2 步 选择模板

在灵感市集的左侧边栏中单击"教育教学"按钮，然后单击"学生评语"模板中的"使用"按钮，如图 3.8-2 所示。

图3.8-2

第 3 步 补充信息

在弹出的学生评语模板中，输入指令，将身份信息、初步评价、评语重点、评价风格、评价字数等信息补充完整，然后单击右侧箭头按钮或者按 Enter 键发送，如图 3.8-3 所示。

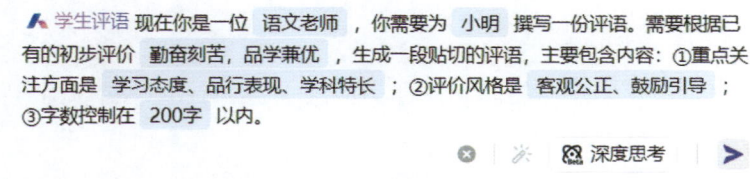

图3.8-3

第 4 步 查看评语

随后，WPS AI 会根据指令生成评语，教师可以在页面中进行预览，如果觉得生成的评语符合需求，单击"保留"按钮即可，如图 3.8-4 所示。

图3.8-4

Tips

如果想要对生成的评语进行快速润色，单击"调整"按钮之后再单击"润色"按钮即可，如图 3.8-5 所示。

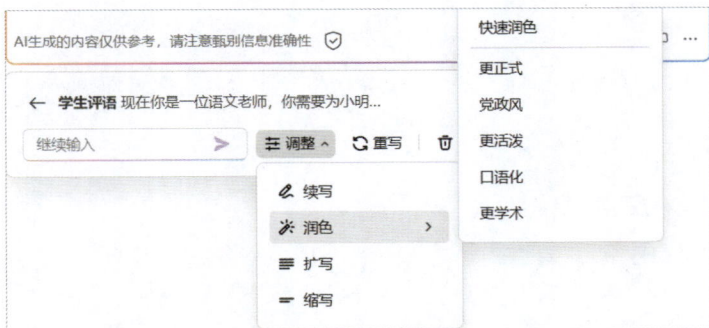

图3.8-5

第 5 步 智能体生成

进入智谱清言的智能体中心，在搜索框中输入"评语"关键词，然后单击"期末评语大师"智能体，如图 3.8-6 所示。

图3.8-6

单击"一键生成评语"这个提示词模板，如图 3.8-7 所示。

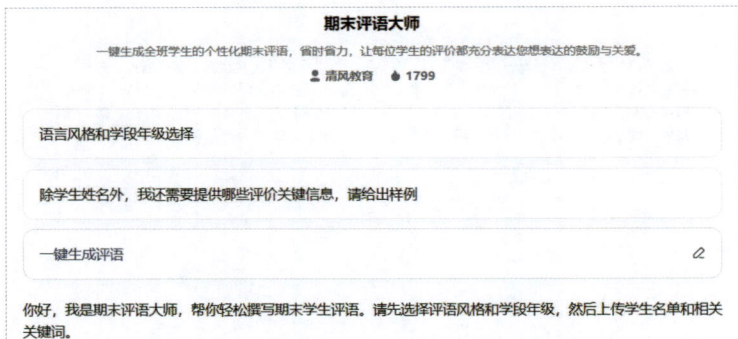

图3.8-7

此时，AI 工具会给出一段提示，如图 3.8-8 所示。

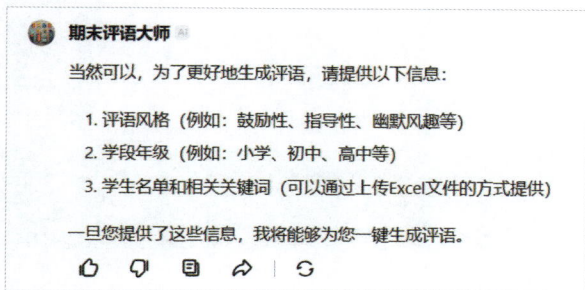

期末评语大师 AI

当然可以，为了更好地生成评语，请提供以下信息：

1. 评语风格（例如：鼓励性、指导性、幽默风趣等）
2. 学段年级（例如：小学、初中、高中等）
3. 学生名单和相关关键词（可以通过上传Excel文件的方式提供）

一旦您提供了这些信息，我将能够为您一键生成评语。

图3.8-8

根据提示，在页面的对话框中输入信息并发送，即可获取 AI 工具生成的评语，如图 3.8-9 所示。

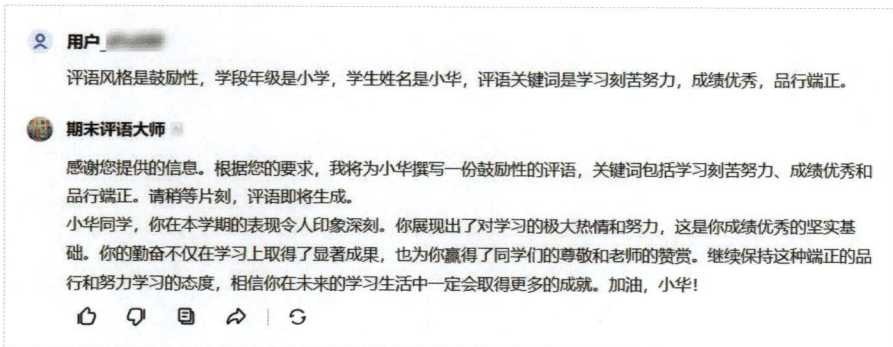

用户_

评语风格是鼓励性，学段年级是小学，学生姓名是小华，评语关键词是学习刻苦努力，成绩优秀，品行端正。

期末评语大师 AI

感谢您提供的信息。根据您的要求，我将为小华撰写一份鼓励性的评语，关键词包括学习刻苦努力、成绩优秀和品行端正。请稍等片刻，评语即将生成。

小华同学，你在本学期的表现令人印象深刻。你展现出了对学习的极大热情和努力，这是你成绩优秀的坚实基础。你的勤奋不仅在学习上取得了显著成果，也为你赢得了同学们的尊敬和老师的赞赏。继续保持这种端正的品行和努力学习的态度，相信你在未来的学习生活中一定会取得更多的成就。加油，小华！

图3.8-9

Tips

　教师可以通过和 AI 互动对话来不断调整评语的语气、用词、长度等，使其更符合自己的要求。

· **AI教育导师**
· **智能导读**
· **知识梳理**
· **视频跟学**

扫码解锁

3.9
管理学生考勤

AI 工具：豆包

　　管理学生考勤是教师保证教学质量的重要环节，教师可以通过考勤情况了解哪些学生可能需要额外的帮助或关注，以便及时提供支持。AI工具可以帮助教师处理大量的学生考勤数据，并提供详细的分析报告，提升管理效率。

操作步骤　　豆包可以帮助教师快速制作考勤表，同时还能对上传的考勤表数据进行整理与分析。

第1步　生成考勤表

　　进入豆包首页，在对话框中输入提示词，让 AI 工具制作一个基础的学生考勤表，然后单击右侧箭头按钮或者按 Enter 键发送，如图 3.9-1 所示。

　　翻译　　图像生成　　帮我写作　　AI搜索　　阅读总结　　音乐生成　　解题答疑　　学术搜索

制作一个学生考勤表，要求包含学生姓名、日期、学号、出勤情况、未出勤理由等。

图3.9-1

　　随后，可以看到 AI 工具根据需求生成的考勤表，如图 3.9-2 所示。

以下是一个学生考勤表的模板：

学生姓名	学号	日期	出勤情况	未出勤理由
学生 1	2024001	2024/9/24	出勤	无
学生 2	2024002	2024/9/24	出勤	无
学生 3	2024003	2024/9/24	缺勤	生病
学生 4	2024004	2024/9/24	出勤	无
学生 5	2024005	2024/9/24	缺勤	家中有事

你可以根据实际情况进行调整和修改，比如增加班级信息等，或者对出勤情况进行更详细的标注，如迟到、早退等。同时，可以使用电子表格软件来制作考勤表，方便数据的录入、统计和分析。如果是纸质考勤表，要确保书写清晰，便于查阅。

图3.9-2

> **Tips**
>
> 　　使用 AI 工具来生成考勤表可以提高制作考勤表的速度和效率，教师只需要将生成表格复制到 Excel 中调整格式后即可使用。

第 2 步　调整考勤表

在对话框中继续输入提示词并发送，让 AI 工具对生成的考勤表进行调整，随后可以看到调整过后的考勤表，如图 3.9-3 所示。

图3.9-3

第 3 步　使用考勤表

调整完成后，单击生成结果下方的"复制"按钮，即可复制该表格到其他软件中进行使用，如图 3.9-4 所示。

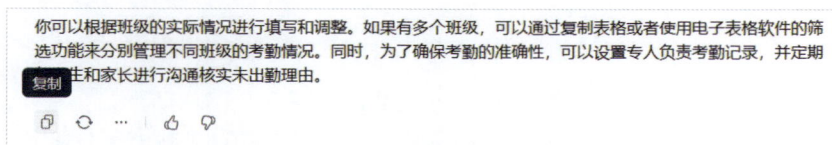

图3.9-4

第 4 步　查看模板与建议

单击生成结果下方的提示词模板，可以查看一些考勤表的 Excel 模板或者制作教程，如图 3.9-5 ~ 图 3.9-7 所示。

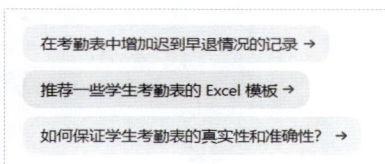

图3.9-5

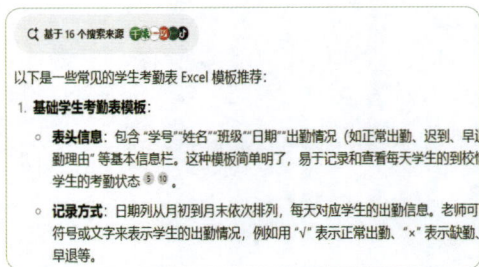

图3.9-6

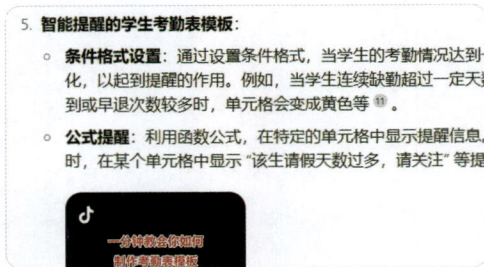

图3.9-7

第5步 分析考勤表

单击对话框中的 📎 按钮，上传一张学生考勤表，如图 3.9-8 所示。

图3.9-8

上传完成后，在对话框中输入提示词，要求 AI 工具对表格中的数据和信息进行统计，如图 3.9-9 所示。

图3.9-9

随后，可以看到 AI 工具给出的统计结果，如图 3.9-10 所示。

如有需要，可以按上述方式让 AI 工具对整个考勤表的数据进行分析和总结，如图 3.9-11 所示。

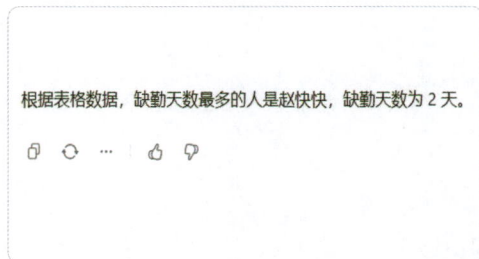

图3.9-10

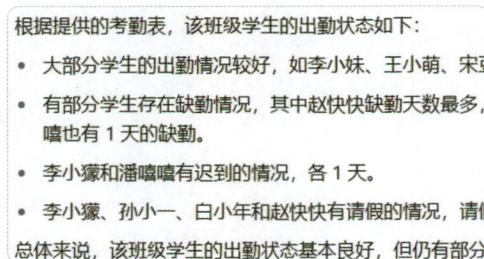

图3.9-11

3.10
策划主题班会

AI 工具：通义千问

主题班会是一种有组织、有目的的班级活动，通常由班主任主持，围绕特定的主题进行。教师使用 AI 工具来策划主题班会可以显著提升班会的质量和效果，AI 工具能够为教师提供丰富的资源和创意，使得班会内容更加多样化和吸引人。

操作步骤　　通义千问可以担任教师的策划助手，帮助教师策划和撰写主题班会。

第 1 步　明确主题

进入通义千问首页，在对话框中输入提示词，让 AI 工具根据提供的主题策划一次班会活动，单击右侧箭头按钮或者按 Enter 键发送，如图 3.10-1 所示。

我是一名初中班主任，请帮我设计一个以"梦想与行动"为主题的班会活动。

图3.10-1

Tips

如果对于班会主题没有太多想法，可以向 AI 工具询问，让 AI 工具提供一些关于班会主题的灵感。

第 2 步　查看方案

随后，可以看到 AI 工具根据主题生成的班会策划方案，如图 3.10-2、图 3.10-3 所示。

以"梦想与行动"为主题的班会活动可以分为几个部分来进行，旨在激发学生的梦想，并鼓励他们通过实际行动来追求自己的目标。以下是一个简单的班会设计方案：

班会主题

梦想与行动——从梦想到现实

活动目标

* 帮助学生认识到拥有梦想的重要性。
* 鼓励学生设立个人目标，并思考如何通过具体的行动计划来实现这些目标。
* 促进班级成员之间的相互支持和合作。

活动流程

开场（10分钟）

* **欢迎词**：班主任简短致辞，介绍本次班会的主题及目的。
* **热身游戏**："如果我是..."让学生想象自己成为某个领域的专家或名人后的生活情景，比如科学家、作家等，并分享他们的想法。此环节旨在活跃气氛同时引出班会梦想主题。

图3.10-2

主题讨论（20分钟）

* 分享故事：邀请几位同学或者老师讲述关于某位成功人士如何通过努力最终实现自己梦想的故事。
* 小组讨论：将全班分成几个小组，每组围绕"什么是梦想？"、"为什么要有梦想？"以及"怎样才能让梦想成真？"等问题展开讨论，之后由各组代表汇报讨论成果。

制定计划（20分钟）

* 个人梦想板：每位同学准备一张纸，在上面写下自己的一个具体梦想，并贴上至少三个步骤的实施计划。完成后可贴在教室指定区域展示。
* 目标承诺书：根据个人的梦想内容，填写一份简短的目标承诺书，明确表示自己愿意为达成目标而付出努力的决心。

动手实践（15分钟）

* 手工制作：利用彩纸、剪刀等材料工具，指导学生们动手做一个象征着自己梦想的小物件（如飞机模型代表想要成为一名飞行员），以此作为激励自己不断前进的动力源泉。
* 展示交流：完成作品后，鼓励大家围绕此物介绍自己的创作灵感及其背后的意义。

图3.10-3

第 3 步　调整方案

如有需要，可以继续通过对话的形式和 AI 工具互动，让它对班会方案进行调整，如图 3.10-4、图 3.10-5 所示。

可以在活动过程中加入更多的互动环节吗？

当然可以。增加互动环节可以使班会更加有趣动有趣，也能更好地激发学生的参与与热情。以下是一些额外的互动环节建议，您可以根据实际情况选择适合的部分加入"梦想与行动"主题班会中：

1. 梦想接龙

* **目的**：活跃气氛，激发创造性思维。
* **方法**：从一名同学开始，说出自己想要实现的一个小梦想或目标（比如学会弹吉他），然后下一位同学需要在前一个梦想的基础上加上新的内容（如："学会弹吉他并在学校音乐会上表演"）。这样依次进行下去，直到所有参与者都参与一轮。

2. 角色扮演

* **目的**：通过模拟现实生活中的情境，让学生体会如何克服困难实现目标。
* **方法**：事先准备几个关于追求梦想过程中可能遇到的情景脚本，让同学们自愿上台来演或解决方案。这不仅能锻炼学生的表达能力，还能培养其解决问题的能力。

图3.10-4

4. 小组竞赛

* **目的**：促进团队合作精神，同时加深对主题的理解。
* **方法**：将全班分成若干小组，每组围绕特定话题（如"如何制定有效的学习计划"、"怎样面对失败"等）进行讨论，并准备一份简短的报告或演讲稿。之后各组轮流展示成果，最后由全体投票选出最佳表现奖。

5. 时间胶囊

* **目的**：留给未来的自己一封信，记录下当前的梦想状态。
* **方法**：每位同学写一封信给自己，描述现在自己想要实现的梦想是什么样的，以及为了实现它已经做了哪些准备，还打算做些什么。信件密封好后放入时间胶囊内保存起来，约定一段时间后再打开阅读，看看是否有所进步。

通过上述活动的设计，不仅能够增强学生之间的沟通交流，而且也让他们在轻松愉快的氛围中更深刻地理解了梦想与实际行动之间的关系。希望这些建议能够帮助您成功举办一次富有成效的主题班会！

图3.10-5

第 4 步　准备素材

确定好班会方案之后，教师还可以借助 AI 工具来收集和准备班会活动中需要用到的素材（图片、音频、视频资料等），如图 3.10-6、图 3.10-7 所示。

可以推荐一些在班会活动开场时使用的背景音乐（纯音乐）吗？如果有链接，请提供链接。

当然可以。纯音乐能够营造出一种宁静而鼓舞人心的氛围，非常适合用于班会活动开场时播放。以下是一些适合"梦想与行动"主题班会的纯音乐推荐，以及相应的链接（请注意，链接可能会随时间发生变化，请确保在使用前检查有效性）：

1. 《Canon in D》（Pachelbel's Canon）- 约翰·帕赫贝尔的作品，这首经典的卡农曲以其和谐优美的旋律闻名。
   ○ 试听链接
2. 《River Flows in You》- 李闰珉（Yiruma）- 一首非常流行的钢琴曲，温柔且富有情感。
   ○ 试听链接
3. 《Comptine d'un autre été, l'après-midi》- Yann Tiersen - 这首来自电影《Amélie》的配乐，轻快而充满希望。
   ○ 试听链接
4. 《A Thousand Years》- Christina Perri (钢琴版) - 基于同名流行歌曲改编而成的钢琴演奏版本，传达了持久不变的情感。
   ○ 试听链接

图3.10-6

这些音乐都比较容易找到，并且多数情况下都可以通过网易云音乐等在线平台免费试听。如果需要下载或有版权要求，请访问正规渠道购买或获取授权。

此外，您也可以考虑使用一些专门提供无版权背景音乐的网站来寻找合适的曲目，例如：

* AudioJungle
* Epidemic Sound
* Free Music Archive

请根据实际需要选择合适的音乐，并确认其使用是否符合相关规定。希望这些建议能为您的班会增添光彩！

图3.10-7

第 5 步　修改已有方案

如有需要，教师还可以让 AI 工具来修改已经写好的活动方案。单击"上传文档"按钮，上传活动方案，如图 3.10-8 所示。

图3.10-8

上传完成后，在对话框中输入需求并发送，如图 3.10-9 所示。

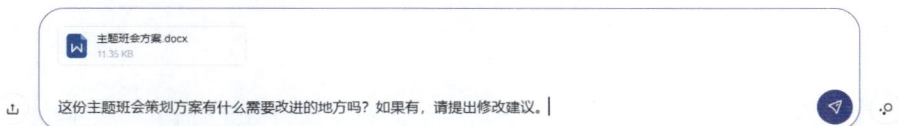

图3.10-9

随后，可以看到 AI 工具提出的修改建议，如图 3.10-10、图 3.10-11 所示。

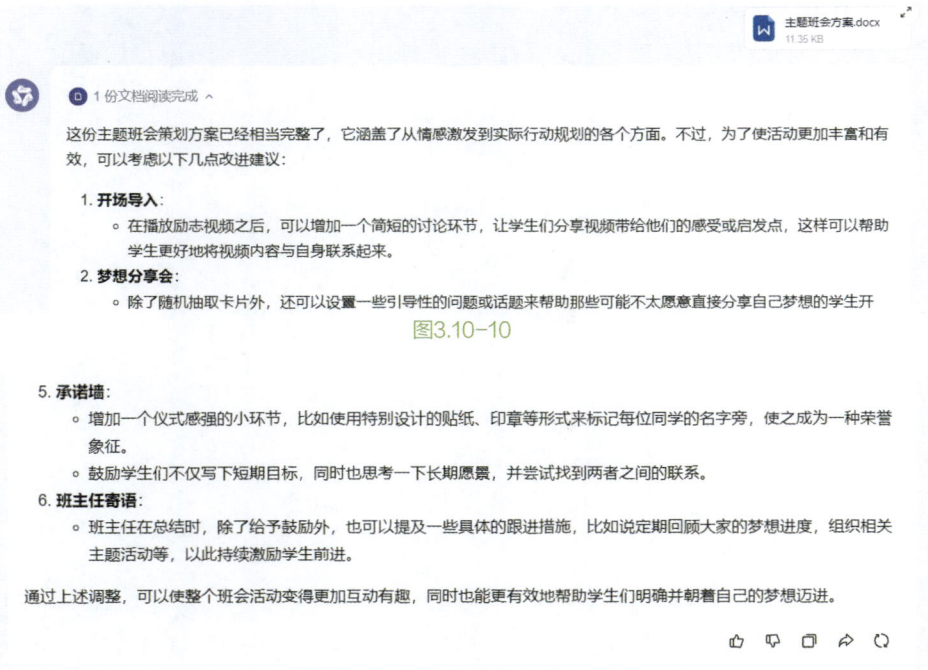

这份主题班会策划方案已经相当完整了，它涵盖了从情感激发到实际行动规划的各个方面。不过，为了使活动更加丰富和有效，可以考虑以下几点改进建议：

1. **开场导入：**
   ◦ 在播放励志视频之后，可以增加一个简短的讨论环节，让学生们分享视频带给他们的感受或启发点，这样可以帮助学生更好地将视频内容与自身联系起来。
2. **梦想分享会：**
   ◦ 除了随机抽取卡片外，还可以设置一些引导性的问题或话题来帮助那些可能不太愿意直接分享自己梦想的学生开

图3.10-10

5. **承诺墙：**
   ◦ 增加一个仪式感强的小环节，比如使用特别设计的贴纸、印章等形式来标记每位同学的名字旁，使之成为一种荣誉象征。
   ◦ 鼓励学生们不仅写下短期目标，同时也思考一下长期愿景，并尝试找到两者之间的联系。
6. **班主任寄语：**
   ◦ 班主任在总结时，除了给予鼓励外，也可以提及一些具体的跟进措施，比如说定期回顾大家的梦想进度，组织相关主题活动等，以此持续激励学生前进。

通过上述调整，可以使整个班会活动变得更加互动有趣，同时也能更有效地帮助学生们明确并朝着自己的梦想迈进。

图3.10-11

3.11
一键创作班歌

AI 工具：天工 AI

　　创作班歌是一个非常有意义的活动，它不仅能增强班级凝聚力，还能激发师生的创造力和团队合作精神。AI 工具可以为大家创作班歌提供高效助力，它可以根据提供的主题或关键词自动谱曲和生成歌词，为后续的打磨提供灵感。

操作步骤

　　在创作班歌时，天工 AI 工具可以从作词、谱曲等方面给予支持，帮助大家一键生成班歌。

第 1 步　选择工具

　　进入天工 AI 首页界面，在左侧边栏中单击"AI 音乐"按钮，如图 3.11-1 所示。

智能工具

天工3.0大模型

AI 文档·音视频分析

AI 写作

AI 音乐

AI 图片生成

图3.11-1

第 2 步　确定歌名与歌词

　　在"歌名"文本框中输入歌名，然后单击"AI 写整首"按钮。随后，可以看到 AI 工具根据输入的歌名创作出来的歌词，如图 3.11-2、图 3.11-3 所示。

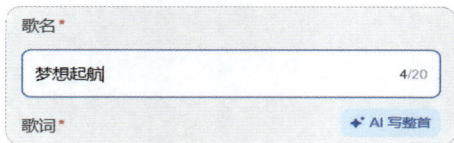

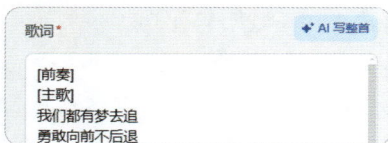

图3.11-2　　　　　　　　　　　　　　　　图3.11-3

> **Tips**
>
> 在进行歌词创作时，既可以让 AI 工具来写歌词，也可以填入自己写好的歌词。

第 3 步　选择参考音频

单击"请选择参考音频"按钮，如图 3.11-4 所示。

图3.11-4

在弹出的页面中对曲风和情绪进行选择，然后选择符合需求的参考音频，单击"使用"按钮即可，如图 3.11-5 所示。

图3.11-5

第 4 步　开始创作

选择完参考音频之后，单击"开始创作"按钮，即可开始创作歌曲，如图 3.11-6 所示。

图3.11-6

第 5 步 试听与下载

随后，可以在页面中看到生成的歌曲，单击"播放"按钮，可以进行试听；单击"更多"按钮，可以重新创作或者下载歌曲，如图 3.11-7、图 3.11-8 所示。

图3.11-7

图3.11-8

> **Tips**
>
> 除了天工 AI，还有一些 AI 工具也可以用来进行歌曲创作，例如网易天音、Suno AI 等。

第 6 步 班歌推荐

如果不想自行创作班歌，而是想让 AI 工具推荐一些适合来作为班歌的歌曲，可以单击首页左侧面板中的"天工 AI 3.0 对话助手"按钮，在对话框中输入问题并发送，让 AI 工具进行歌曲推荐，如图 3.11-9 所示。

图3.11-9

随后，可以看到 AI 工具推荐的歌曲列表，如图 3.11-10 所示。

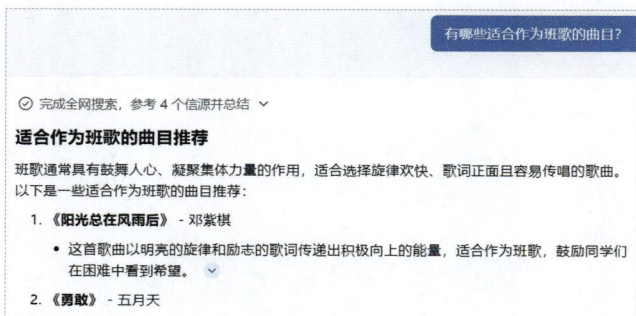

图3.11-10

3.12
制作活动 PPT

AI 工具：iSlide

　　在举行班会、家长会等活动时，教师可以使用 PPT 作为视觉辅助工具，来清晰地展示主题内容。PPT 中的图片、视频片段或者动画元素可以增强内容的表现力，以视觉化的方式促进信息的有效传递与交流。在 AI 工具的帮助下，教师可以轻松创建各种风格的活动 PPT。

操作步骤

　　iSlide 可以根据活动主题或者上传的文档快速生成内容丰富、视觉效果吸引人的 PPT，同时还能根据输入的信息自动调整布局、颜色搭配等细节，确保最终作品既美观又符合教育目的。

第 1 步　注册与登录

进入 iSlide 首页，注册账号并登录，如图 3.12-1 所示。

图3.12-1

第 2 步　导入文档

单击对话框中的"导入文档生成"按钮，如图 3.12-2 所示。

图3.12-2

单击 按钮，上传文档，如图 3.12-3 所示。

图3.12-3

第 3 步 生成和编辑大纲

文档上传完成后，AI 工具会根据文档内容生成 PPT 大纲，单击大纲的文字区域，可以对文字内容进行修改，如图 3.12-4 所示。

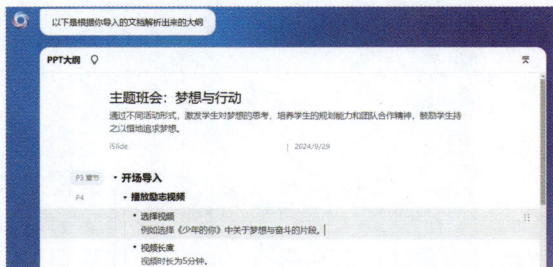

图3.12-4

编辑完成后，单击下方的"生成 PPT"按钮，即可生成 PPT，如图 3.12-5 所示。

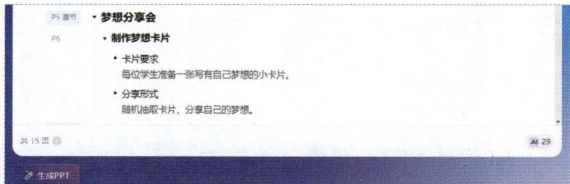

图3.12-5

第 4 步 预览与下载

随后，可以在页面中预览已生成的 PPT，如果觉得该 PPT 符合需求，单击 PPT 下方的"下载 PPT"按钮即可，如图 3.12-6 所示。

图3.12-6

第 5 步　一键换肤

如果想要更换 PPT 的模板，单击图 3.12-6 中的"一键换肤"按钮，在右侧的"一键换肤"面板中单击按钮，对模板的颜色、场景和风格进行选择，然后单击"确定"按钮，如图 3.12-7、图 3.12-8 所示。

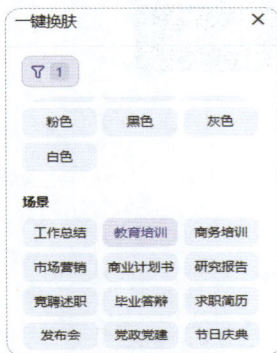

图3.12-7

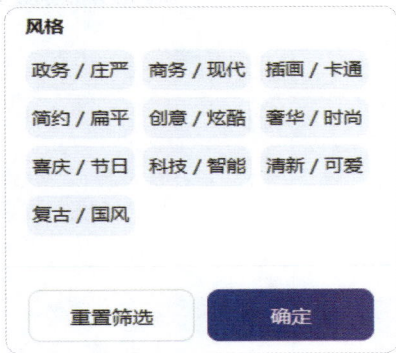

图3.12-8

在筛选出的模板中选择符合需求的模板，单击 ⇄ 按钮即可完成更换，如图3.12-9 所示。

图3.12-9

> **Tips**
>
> 如果对筛选出的模板都不太满意，单击"换一组"按钮即可。

第 6 步　更换单页

如果想要更换单页，单击 ✎ 按钮，如图 3.12-10 所示。

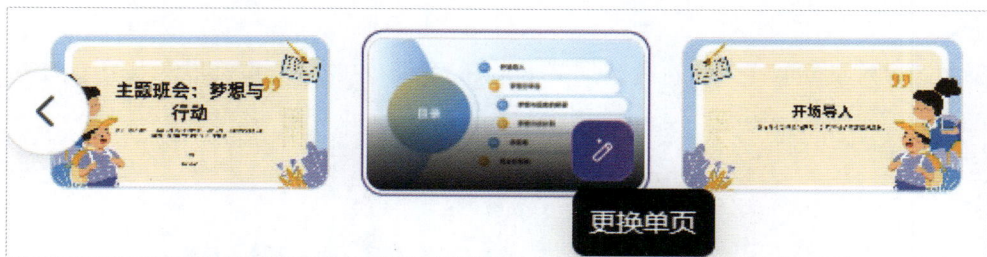

图3.12-10

在右侧的"替换单页"面板中单击 ▽ 按钮，对单页的分类、风格和样式进行选择，然后单击"确定"按钮，如图 3.12-11、图 3.12-12 所示。

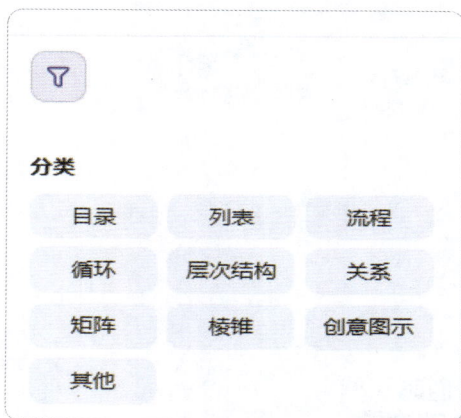

图3.12-11

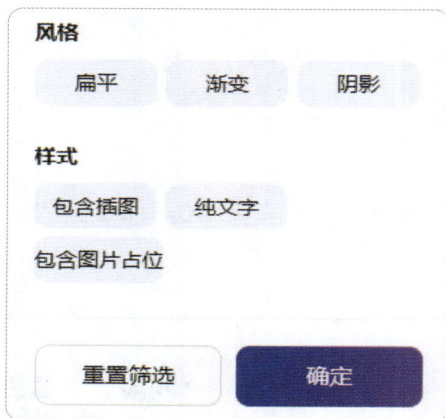

图3.12-12

在筛选出的单页中选择符合需求的单页，单击按钮即可完成更换，如图 3.12-13 所示。

图3.12-13

3.13
制作活动海报

　　教师有时候需要在班级活动中使用活动海报来传达信息和激发学生的兴趣，好的活动海报不仅能够传递信息，还能成为课堂文化的一部分，有助于构建积极向上的学习氛围。教师可以使用 AI 工具快速设计出既美观又专业的海报，借助 AI 工具的力量来有效地组织和宣传各类班级活动，以视觉化的方式促进信息的有效传递与交流。

操作步骤　　即梦 AI 的 AI 作图功能可以根据需求生成各种主题的图片，教师可以借助这个功能来生成海报或者海报素材。

第 1 步　选择功能

进入即梦 AI 首页，单击"图片生成"按钮，如图 3.13-1 所示。

图3.13-1

第 2 步　输入提示词

在对话框中输入提示词，如图 3.13-2 所示。

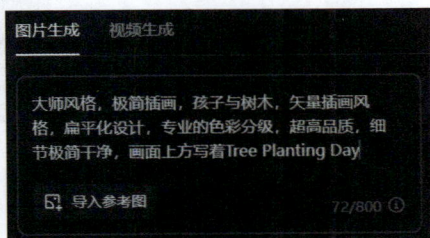
图3.13-2

如有需要，可以导入参考图，让 AI 工具根据参考图的风格生成海报。

第 3 步 选择模型和精细度

对生成图片的模型和精细度进行选择，如图 3.13-3 所示。

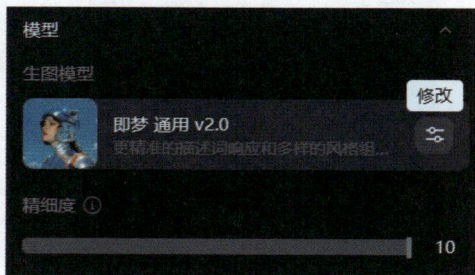

图3.13-3

单击"修改"按钮，可以在弹出的"生图模型"面板中查看各种生图模型的介绍，然后根据需求选择适合自己的生图模型，如图 3.13-4 所示。

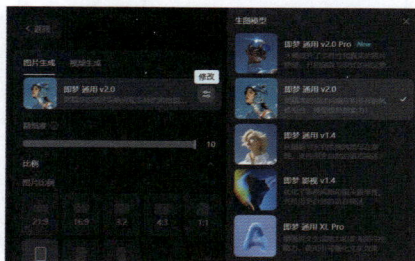

图3.13-4

第 4 步 设置比例与尺寸

对生成图片的比例和尺寸进行选择，如图 3.13-5 所示。

第 5 步 生成图片

设置完成后，单击"立即生成"按钮，等待 AI 工具生成图片，如图 3.13-6 所示。

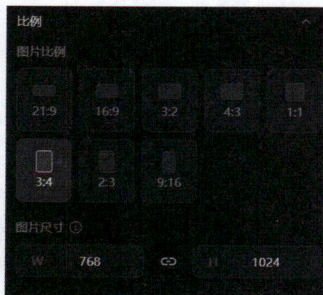

图3.13-5

图3.13-6

随后，可以在页面中查看生成的图片，如图 3.13-7 所示。

图3.13-7

第 6 步　编辑与下载

单击想要的图片，可以放大进行查看，同时可以通过右侧的操作按钮对图片进行编辑（细节修复、局部重绘、扩图等），如图 3.13-8 所示。

图3.13-8

例如，单击"局部重绘"按钮后，在弹出的页面中使用画笔对图片中需要进行重绘的地方进行涂抹，然后单击"立即生成"按钮，如图 3.13-9 所示。

图3.13-9

局部重绘完成后，选择符合需求的图片，单击右上角的"下载"按钮进行下载即可，如图 3.13-10 所示。

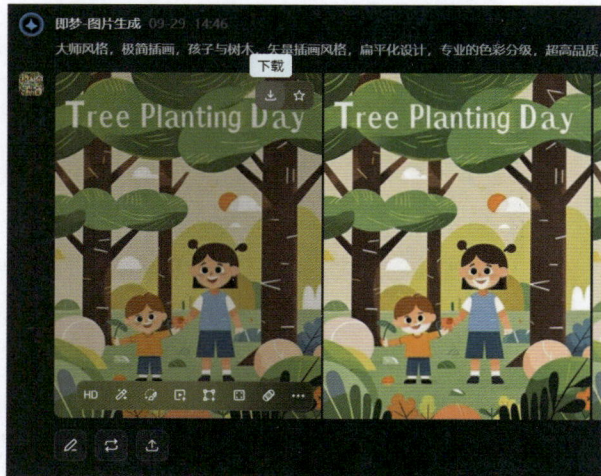

图3.13-10

即梦 AI 的"图片生视频"功能可以直接将生成的图片转换为视频，如果想要将生成的海报做成动态的视频，可以单击图片中的"生成视频"按钮，如图 3.13-11 所示。

图3.13-11

3.14
班费收支管理

AI 工具：ChatExcel

　　班费的收支管理对于班级来说至关重要，它直接关系到班级活动能否顺利进行，良好的班费管理也是维护班级正常秩序的重要环节。教师利用 AI 工具进行班费管理能够极大地提升效率和透明度，通过智能化工具自动记录每笔班费的收支明细，不仅减轻了教师在财务管理上的负担，也让学生和家长可以随时了解资金使用情况。

操作步骤 ｜　ChatExcel 可以通过聊天的方式帮助教师自动处理表格，实现数据的快速计算、分析、挖掘记忆可视化呈现。

第 1 步　注册与登录

进入 ChatExcel 首页，注册账号并登录，如图 3.14-1 所示。

图3.14-1

第 2 步　上传文件

单击"创建新表格"按钮，如图 3.14-2 所示。

图3.14-2

在弹出的页面中单击文件上传区域，上传表格，如图 3.14-3 所示。

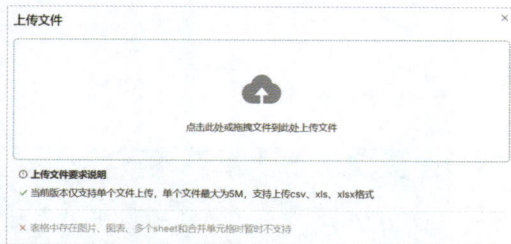

图3.14-3

表格上传完成后，页面如图 3.14-4 所示。

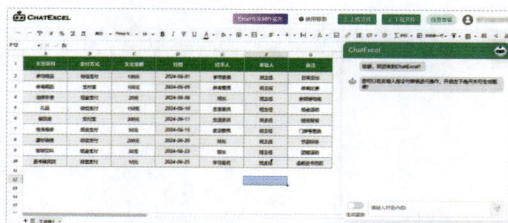

图3.14-4

Tips

上传文件时，可以先阅读"上传文件要求说明"，明确上传的文件所需要的格式和大小。

第 3 步 智能计算

在对话框中输入指令，让 AI 工具计算班费支出的总金额，然后单击右侧箭头按钮或者按 Enter 键发送，如图 3.14-5 所示。

图3.14-5

随后，可以看到 AI 工具给出的回答并在跳转的单元格中看到计算结果，如图 3.14-6、图 3.14-7 所示。

图3.14-6

	A	B
1	支出总金额	
2	960	

图3.14-7

Tips

教师可以按需求让 AI 工具进行求和、平均值、最大值、最小值等的计算。

在 ChatExcel 主页，可以看到 ChatExcel 的主要用法和指令词模板，当不知道如何与 ChatExcel 进行对话时，可以查看或者复制这些指令词模板，如图 3.14-8 所示。

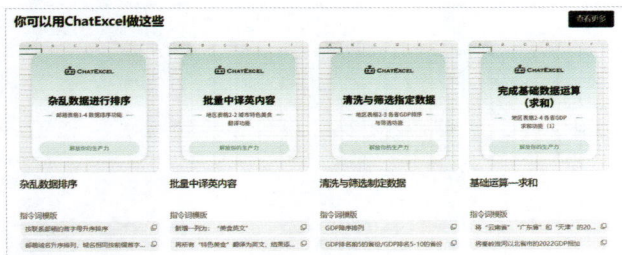

图3.14-8

第 4 步　智能筛选与排序

在对话框中输入指令并发送，让 AI 对班费支出数据进行筛选，随后可以看到 AI 给出的回答与筛选结果，如图 3.14-9、图 3.14-10 所示。

图3.14-9

	A	B	C
1	支出项目		
2	餐饮费		
3	器材租借		
4	礼品		
5	学习用品		
6	体育用品		
7			

图3.14-10

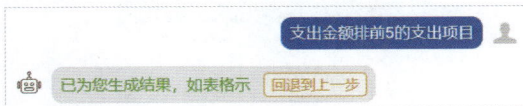

按此方式，还可以让 AI 工具对班费支出数据进行排序，如图 3.14-11、图 3.14-12 所示。

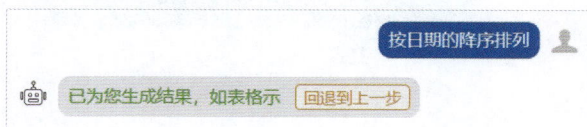

图3.14-11

	A	B	C	D
1	支出项目	支付方式	支出金额	日期
2	图书馆罚款	微信支付	10元	2024-06-25
3	咖啡饮料	现金支付	30元	2024-06-23
4	器材租借	微信支付	200元	2024-06-20
5	宿舍维修	现金支付	50元	2024-06-15
6	餐饮费	支付宝	300元	2024-06-11
7	礼品	微信支付	150元	2024-06-10
8	地铁车费	现金支付	20元	2024-06-06
9	体育用品	支付宝	100元	2024-06-05
10	学习用品	微信支付	100元	2024-06-01

图3.14-12

第 5 步 智能翻译

如有需要，教师还可以通过对话的方式让 AI 工具对班费表格的信息进行翻译，如图 3.14-13、图 3.14-14 所示。

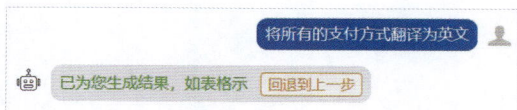

图3.14-13

A1 fx 支出项目

	A	B
1	支出项目	支付方式
2	图书馆罚款	WeChat Pay
3	咖啡饮料	Cash
4	器材租借	WeChat Pay
5	宿舍维修	Cash
6	餐饮费	Alipay
7	礼品	WeChat Pay
8	地铁车费	Cash
9	体育用品	Alipay
10	学习用品	WeChat Pay

图3.14-14

第 6 步 生成图表

勾选对话框旁边的“生成图表”按钮，开启生成图表模式。在对话框中输入指令并发送，让 AI 工具生成可视化图表，如图 3.14-15 所示。

图3.14-15

随后，可以看到 AI 工具生成的图表，如图 3.14-16 所示。

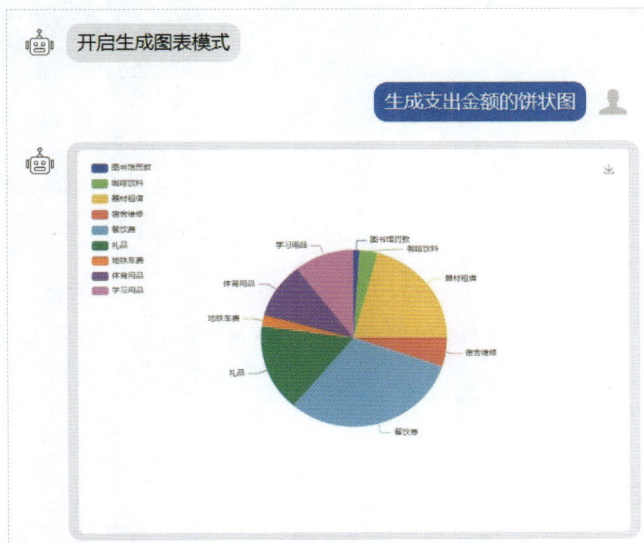

图3.14-16

单击图表可以进行放大，将鼠标移至图表中，可以查看具体的数据信息，单击右上角的按钮，可以对图表进行下载，如图 3.14-17 所示。

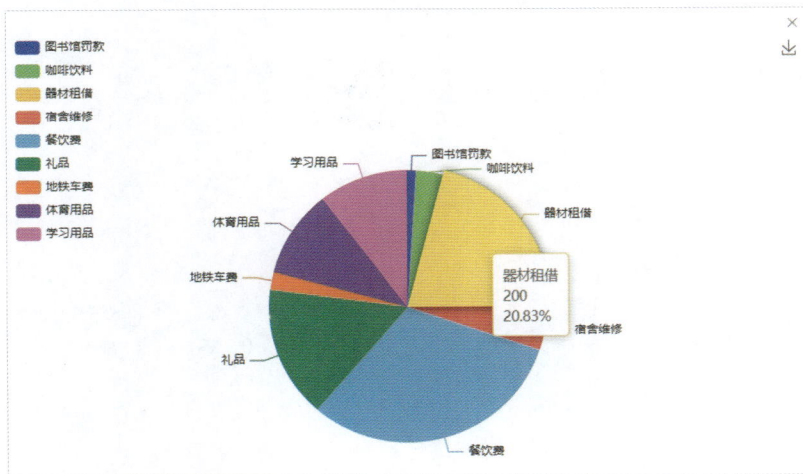

图3.14-17

3.15
安全教育宣传

AI 工具：豆包

对教师而言，掌握安全教育的相关内容意味着能够更好地履行其对学生身心健康的监护职责。教师不仅是知识的传递者，也是学生在校期间的重要守护者之一。AI 工具可以帮助教师更高效地准备和传递安全信息，提升安全教育内容创作的效率，增加宣传的多样性，提升宣传效果。

操作步骤

教师既可以借助豆包的智能体查询和了解各种安全教育的知识点，也可以让豆包生成关于安全教育的科普插图。

第 1 步 选择智能体

进入豆包的"发现 AI 智能体"页面，在搜索框中输入"安全教育"关键词，然后单击"安全教育"智能体，如图 3.15-1 所示。

图3.15-1

第 2 步 提出问题

在对话框中输入提示词，向 AI 工具询问关于学校安全教育的问题，然后单击右侧箭头按钮或者按 Enter 键发送，如图 3.15-2 所示。

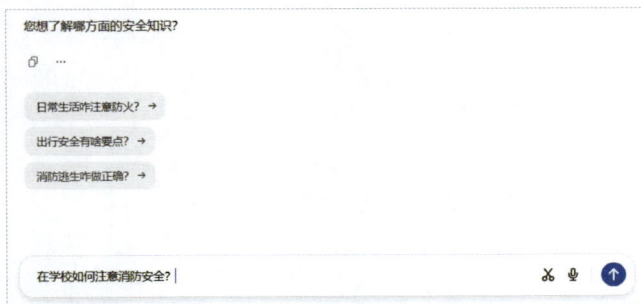

您想了解哪方面的安全知识？

日常生活咋注意防火？ →

出行安全有啥要点？ →

消防逃生咋做正确？ →

在学校如何注意消防安全？ |

图3.15-2

第 3 步 查看回答

随后，可以看到 AI 工具给出的回答，如图 3.15-3 所示。

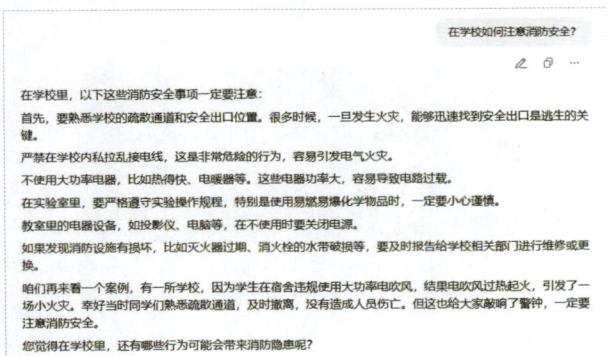

在学校如何注意消防安全？

在学校里，以下这些消防安全事项一定要注意：

首先，要熟悉学校的疏散通道和安全出口位置。很多时候，一旦发生火灾，能够迅速找到安全出口是逃生的关键。

严禁在学校内私拉乱接电线，这是非常危险的行为，容易引发电气火灾。

不使用大功率电器，比如热得快、电暖器等。这些电器功率大，容易导致电路过载。

在实验室里，要严格遵守实验操作规程，特别是使用易燃易爆化学物品时，一定要小心谨慎。

教室里的电器设备，如投影仪、电脑等，在不使用时要关闭电源。

如果发现消防设施有损坏，比如灭火器过期、消火栓的水带破损等，要及时报告给学校相关部门进行维修或更换。

咱们再来看一个案例，有一所学校，因为学生在宿舍违规使用大功率电吹风，结果电吹风过热起火，引发了一场小火灾。幸好当时同学们熟悉疏散通道，及时撤离，没有造成人员伤亡。但这也给大家敲响了警钟，一定要注意消防安全。

您觉得在学校里，还有哪些行为可能会带来消防隐患呢？

图3.15-3

Tips

教师可以通过此方式来了解和收集关于安全教育的知识点，并将其整理之后向学生进行宣传。

第 4 步 选择图像生成

教师可以使用豆包来生成适用于安全教育宣传的科普插图。进入豆包首页，单击"图像生成"按钮，如图 3.15-4 所示。

AI 搜索
实时资讯，丰富信源，整合搜索

帮我写作
多种体裁，润色校对，一键成文

图像生成
自定风格，搜集灵感，复制同款

阅读总结
论文课件，财报合同，翻译总结

图3.15-4

第5步 进行场景描述

在对话框中输入提示词，并对生成图片的风格和比例进行选择，然后单击右侧箭头按钮或按 Enter 键发送，如图 3.15-5 所示。

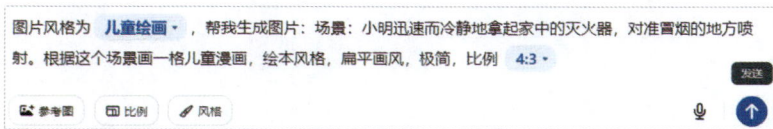

图3.15-5

第6步 生成图片

随后，可以看到 AI 工具根据场景描述生成的图片，如图 3.15-6 所示。

图3.15-6

第7步 编辑与下载

单击图片，可以放大该图片，并进行区域重绘、扩图、下载图片等操作，如图 3.15-7 所示。

图3.15-7

> **Tips**
>
> 教师可以按此方式让 AI 工具根据不同的场景描述生成一系列的科普插图，在向学生进行安全教育宣传时使用，增加科普的趣味性和吸引力。

3.16
学生心理辅导

AI 工具：讯飞星火

　　教师对学生的心理辅导在教育过程中扮演着极其重要的角色，它不仅仅关注学生的学术成就，更重视其情感与心理健康的全面发展。教师借助 AI 工具对学生进行心理辅导，可以为学生提供更加个性化和及时的帮助，基于大数据和机器学习算法的智能系统可以根据每个学生的具体情况推荐适合的心理调适方法或建议，帮助教师制定更有效的辅导计划。

操作步骤

　　讯飞星火的智能体可以根据学生的具体情况提供个性的心理辅导服务，也可以帮助教师撰写心理健康教育活动的策划方案。

第 1 步　选择智能体

　　进入讯飞星火的智能体中心，在搜索框中输入"心理辅导"关键词，然后单击"心理老师 psy"智能体，如图 3.16-1 所示。

图 3.16-1

Tips

　　在通过关键词进行搜索时，往往会出现多个与该关键词相关联的智能体，教师可以查看这些智能体的介绍或者通过试用来筛选出更符合需求的智能体。

第2步 撰写方案

单击第三个提示词模板，让 AI 工具撰写心理预防方案，如图 3.16-2 所示。

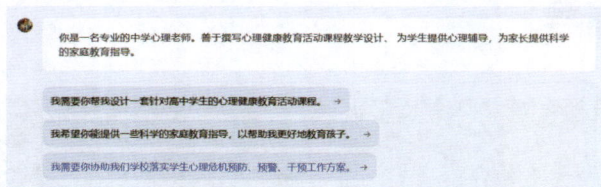

图3.16-2

随后，可以看到 AI 工具撰写的心理预防方案，如图 3.16-3、图 3.16-4 所示。

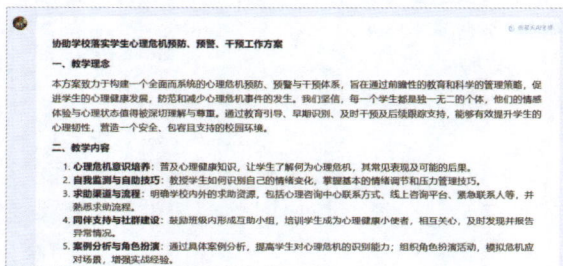

图3.16-3

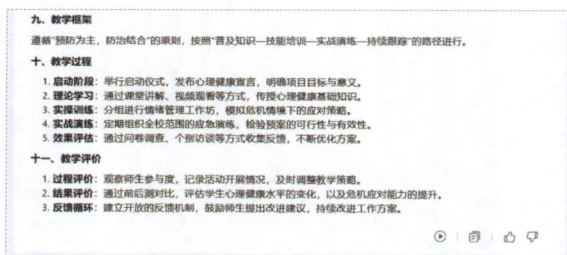

图3.16-4

第3步 询问建议

在对话框中输入提示词，让 AI 工具根据学生的具体情况提醒心理辅导方面的建议，然后单击右侧"发送"按钮或者按 Enter 键发送，如图 3.16-5 所示。

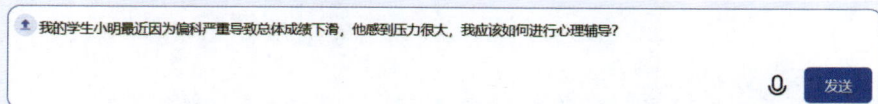

图3.16-5

第 4 步　查看建议

随后，可以看到 AI 工具给出的建议，如图 3.16-6、图 3.16-7 所示。

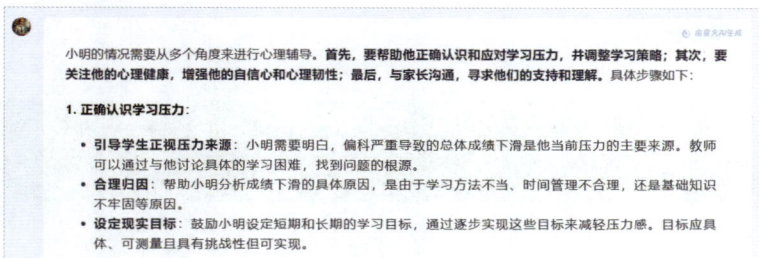

小明的情况需要从多个角度来进行心理辅导。首先，要帮助他正确认识和应对学习压力，并调整学习策略；其次，要关注他的心理健康，增强他的自信心和心理韧性；最后，与家长沟通，寻求他们的支持和理解。具体步骤如下：

1. 正确认识学习压力：

- **引导学生正视压力来源**：小明需要明白，偏科严重导致的总体成绩下滑是他当前压力的主要来源。教师可以通过与他讨论具体的学习困难，找到问题的根源。
- **合理归因**：帮助小明分析成绩下滑的具体原因，是由于学习方法不当、时间管理不合理，还是基础知识不牢固等原因。
- **设定现实目标**：鼓励小明设定短期和长期的学习目标，通过逐步实现这些目标来减轻压力感。目标应具体、可测量且具有挑战性但可实现。

图3.16-6

2. 调整学习策略：

- **制定详细的学习计划**：帮助小明制定一个科学合理的学习计划，包括每天的学习时间安排、复习预习的安排等。
- **改善学习方法**：教授小明一些有效的学习方法和技巧，例如时间管理、阅读技巧、笔记方法、考试策略等。
- **寻求帮助**：鼓励小明在遇到不懂的问题时及时向老师或同学请教，充分利用学校提供的学习资源。

3. 增强自信心和心理韧性：

- **正向强化**：对小明的每一点进步都给予肯定和鼓励，帮助他建立自信心。
- **情绪管理**：教给小明一些情绪管理的方法，如深呼吸、冥想、运动等，帮助他在面对压力时保持冷静和积极的心态。
- **开展心理疏导**：如果小明的压力过大，可以建议他进行专业的心理辅导，通过心理咨询师的帮助来缓解内心的焦虑和困扰。

图3.16-7

第 5 步　持续提问

教学可以根据生成的建议，结合实际情况，继续与 AI 工具进行对话，获取更多有效的建议，如图 3.16-8 所示。

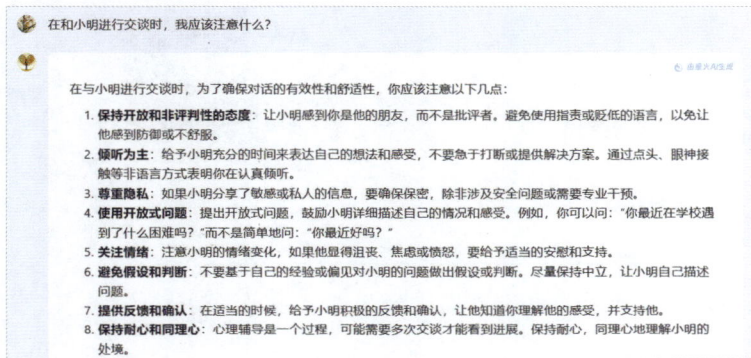

在和小明进行交谈时，我应该注意什么？

在与小明进行交谈时，为了确保对话的有效性和舒适性，你应该注意以下几点：

1. **保持开放和非评判性的态度**：让小明感到你是他的朋友，而不是批评者。避免使用指责或贬低的语言，以免让他感到防御或不舒服。
2. **倾听为主**：给予小明充分的时间表达自己的想法和感受，不要急于打断或提供解决方案。通过点头、眼神接触等非语言方式表明你在认真倾听。
3. **尊重隐私**：如果小明分享了敏感或私人的信息，要确保保密，除非涉及安全问题或需要专业干预。
4. **使用开放式问题**：提出开放式问题，鼓励小明详细描述自己的情况和感受。例如，你可以问："你最近在学校遇到了什么困难吗？"而不是简单地问："你最近好吗？"
5. **关注情绪**：注意小明的情绪变化，如果他显得沮丧、焦虑或愤怒，要给予适当的安慰和支持。
6. **避免假设和判断**：不要基于自己的经验或偏见对小明的问题做出假设或判断。尽量保持中立，让小明自己描述问题。
7. **提供反馈和确认**：在适当的时候，给予小明积极的反馈和确认，让他知道你理解他的感受，并支持他。
8. **保持耐心和同理心**：心理辅导是一个过程，可能需要多次交谈才能看到进展。保持耐心，同理心地理解小明的处境。

图3.16-8

3.17
家校沟通助手

做好家校沟通工作是教师职责中不可或缺的一部分，通过有效的家校沟通，教师能够与家长建立起一种基于相互尊重和理解的合作关系，这种关系对于促进学生的学习和个人发展至关重要。教师可以让 AI 工具来充当家校沟通助手，AI 工具可以帮助教师更高效地回复家长的常见问题，并提供沟通模板和建议。

操作步骤

通义千问的智能体可以充当家校沟通助手，根据相应的背景信息和反馈为教师提供建设性的沟通建议。

第 1 步 选择智能体

进入通义千问的"发现智能体"页面，在搜索框中输入"家校沟通"关键词，然后单击"家校沟通助手"智能体，如图 3.17-1 所示。

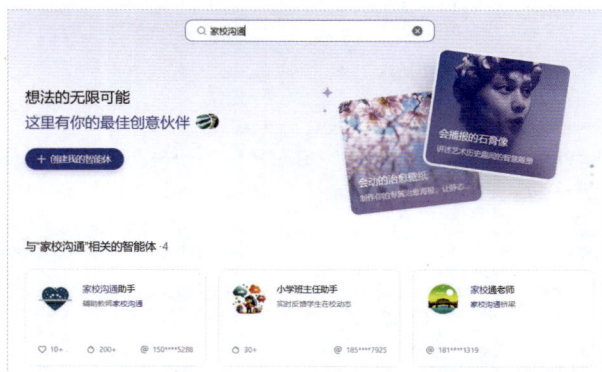

图3.17-1

第 2 步 询问建议

单击第一个提示词模板，让 AI 工具给出回复建议，如图 3.17-2 所示。

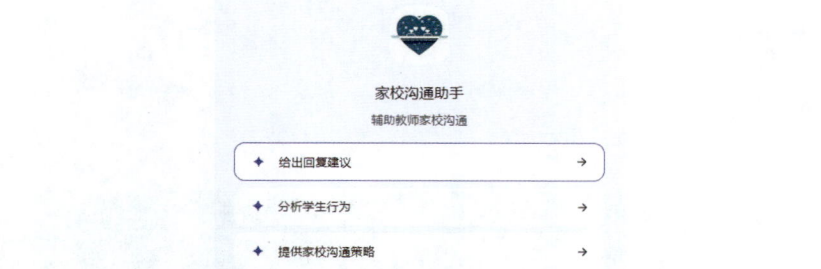

图3.17-2

随后，可以看到 AI 工具需要了解更多背景信息，如图 3.17-3 所示。

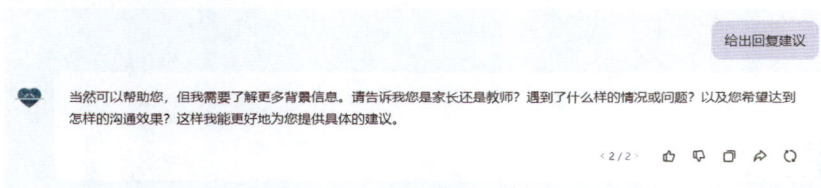

图3.17-3

第 3 步 查看建议

根据 AI 工具的提示，输入背景信息并发送，随后可以看到 AI 工具给出的建议，如图 3.17-4、图 3.17-5 所示。

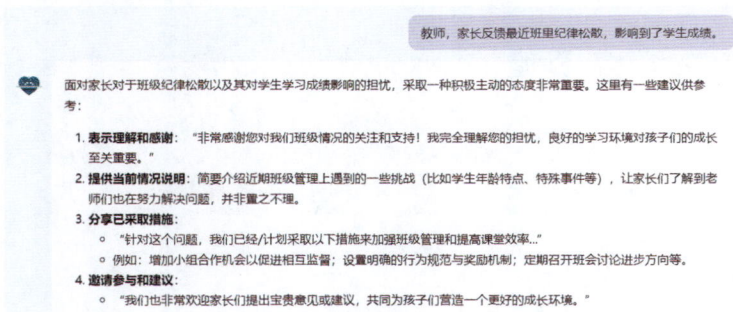

图3.17-4

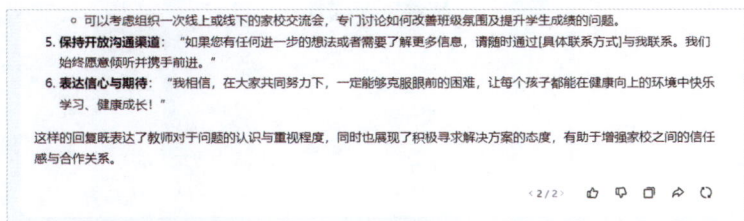

图3.17-5

3.18
创建智能表单

　　表单可以提供一个结构化的方式来收集、整理和分析信息，因此教师运用表单来处理日常工作能够极大地提高效率和准确性。通过使用表单，无论是进行学生考勤记录、成绩录入还是家长联系信息的更新等工作，都能变得更加系统化与条理化。智能表单可以让教师在线创建、编辑和管理表单，简化数据收集过程，提高工作效率。

操作步骤　　WPS 的智能表单帮助教师快速创建各类表单，并能够将收集到的数据自动汇总成表格形式，方便后续的分析处理。

第 1 步 新建表单

打开 WPS 软件，新建"智能表单"，如图 3.18-1 所示。

图3.18-1

单击"新建空白"按钮，然后单击"问卷"按钮，如图 3.18-2 所示。

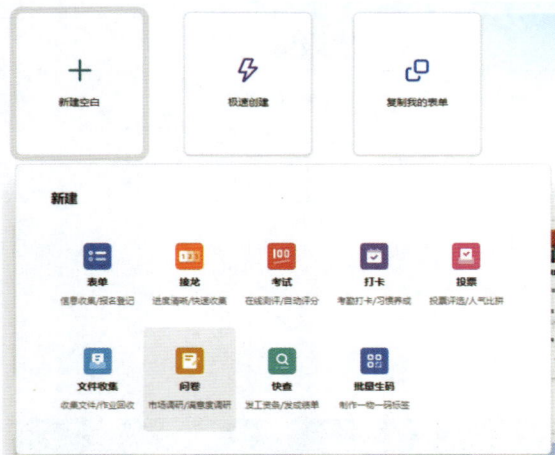

图3.18-2

　　WPS 的智能表单功能支持创建接龙、投票、文件收集、问卷等各种类型的表单，教师可以根据不同的需求来进行选择。

　　在 WPS 智能表单的模板库中，也有许多已经创建好的表单模板，如有需要，教师可以直接筛选和使用这些表单模板，以节省时间和提高效率，如图 3.18-3 所示。

图3.18-3

第 2 步　设置表单题目

在跳转的页面中，单击题目区域，设置表单题目，如图 3.18-4 所示。

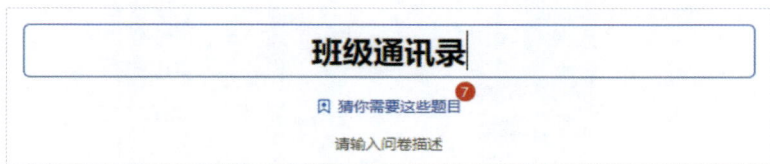

图3.18-4

Tips

单击"猜你需要这些题目"按钮，会根据输入的表单题目推荐一批常用题目，如图 3.18-5 所示。

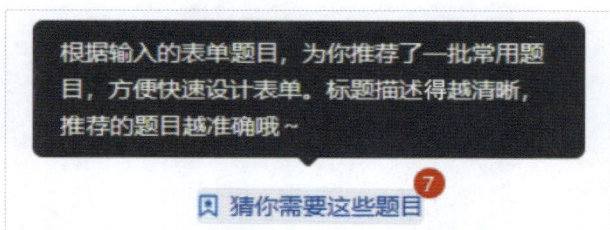

图3.18-5

第3步 添加与编辑题型

在页面的左侧边栏中，提供了基础题型和问卷常用题型供选择，单击想要的题型，即可在表单底部添加该种题型，如图 3.18-6 所示。

图3.18-6

添加完题型后，可以对该题型的内容进行编辑，如图 3.18-7 所示。

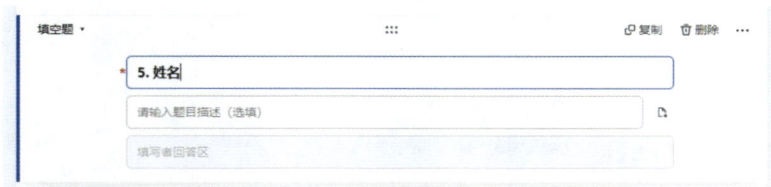

图3.18-7

> **Tips**
>
> 按住 ⋮⋮⋮ 按钮拖动题型，可以调整其顺序。
> 单击"复制"或"删除"按钮，可以对已添加的题型进行复制或者删除。

第 4 步 使用模板题型

单击左侧边栏中的题型模板，也可以快速添加题型，如图 3.18-8 所示。

图3.18-8

第 5 步 添加与编辑题型

设置表单题型后，单击页面上方的"外观"按钮，可以在跳转的页面中单击想要的外观，对表单的外观进行设置，如图 3.18-9 所示。

图3.18-9

单击右侧面板中的"更换"按钮，可以单独更换页眉图片、背景图片或表单配色，如图 3.18-10、图 3.18-11 所示。

图3.18-10

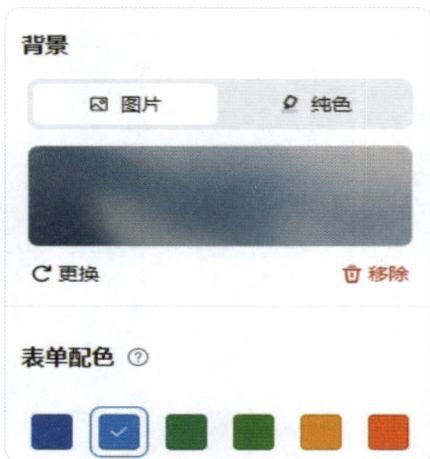
图3.18-11

Tips

如果模板提供的图片都不符合需求，也可以上传本地图片来作为页眉或者背景。

第6步 预览与发布

创建完成后，单击页面右上方的"预览"按钮，可以对表单进行预览，如图 3.18-12 所示。

图3.18-12

预览过后，单击"发布并分享"按钮，可以发布并使用该表单，如图 3.18-13 所示。

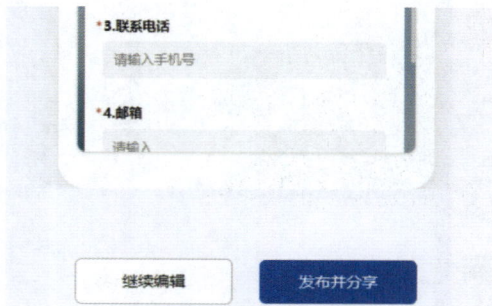
图3.18-13

发布之后，可以通过复制链接或者下载二维码的方式来邀请他人填写表单，如图 3.18-14 所示。

图3.18-14

3.19
高考志愿填报

高考志愿填报是关乎学生未来的重要工作，许多教师尤其是班主任或负责生涯规划教育的老师，会收集并整理有关高校招生政策、历年录取分数线等信息，并向学生及家长传达这些重要资料。结合 AI 技术的优势，教师可以在保持原有教育关怀的基础上，进一步提升高考志愿填报辅导的专业性和针对性，从而更好地服务于学生的发展需要。

操作步骤

WPS AI 的高考志愿咨询模板可以作为参考，帮助教师给学生提供更专业的志愿填报建议。同时，教师还可以使用豆包来快速查询和了解往年的高考政策与各项信息。

第 1 步 唤起 WPS AI

打开 WPS 软件，新建空白文档，唤起 WPS AI，在弹出的场景选项框中单击"去灵感市集探索"按钮，如图 3.19-1 所示。

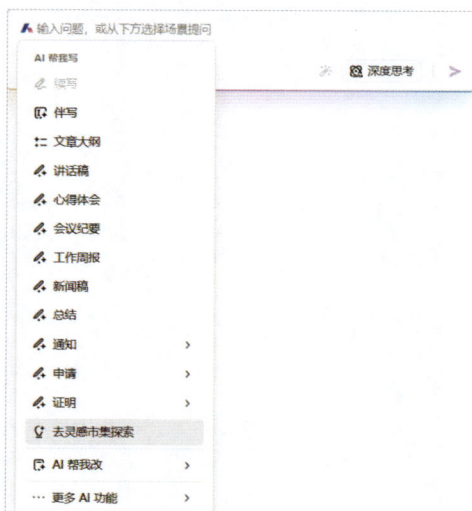

图3.19-1

第 2 步 **选择工具**

在灵感市集的左侧边栏中单击"教育教学"按钮，然后单击"高考志愿咨询"模板中的"使用"按钮，如图 3.19-2 所示。

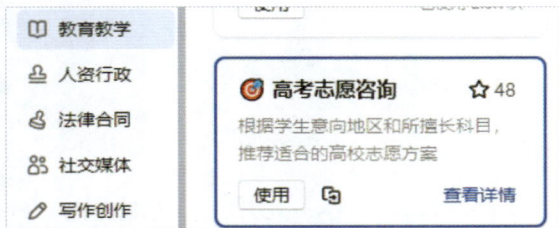

图3.19-2

第 3 步 **补充信息**

在弹出的高考志愿咨询模板中输入指令，将高考分数、意向地区、擅长科目等信息补充完整，然后单击右侧箭头按钮或者按 Enter 键发送，如图 3.19-3 所示。

图3.19-3

第 4 步 **查看推荐**

生成推荐院校名单后，可以在页面中进行浏览，如果该名单与教师心中的推荐名单差别不大，单击"保留"按钮即可，如图 3.19-4 所示。

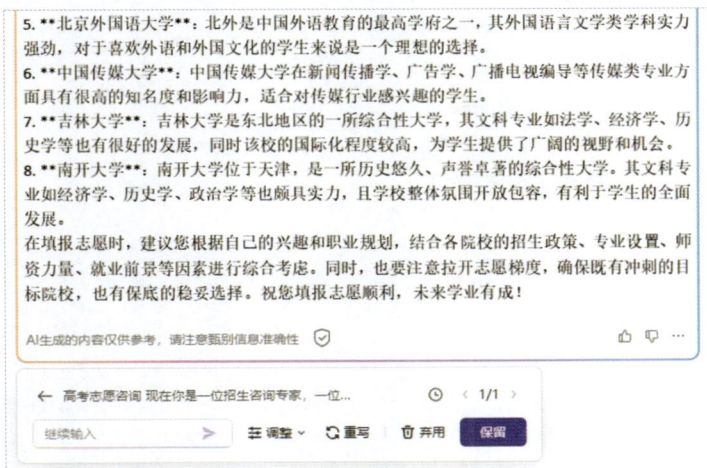

图3.19-4

第 5 步 查询信息

进入豆包首页，在对话框中输入提示词并发送，让 AI 工具搜索关于高考分数线、政策的相关信息，如图 3.19-5 所示。

图3.19-5

随后，可以看到 AI 工具搜索出的结果，如图 3.19-6、图 3.19-7 所示。

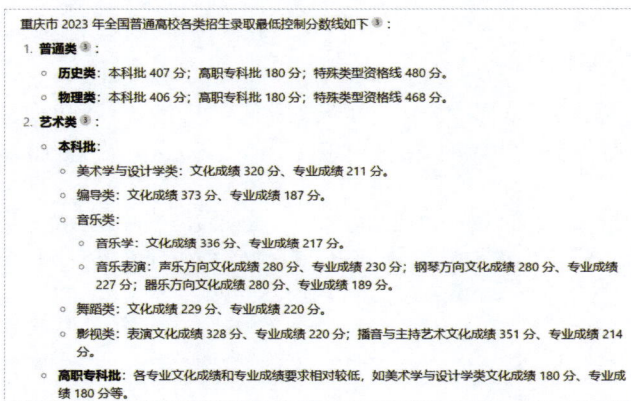

图3.19-6

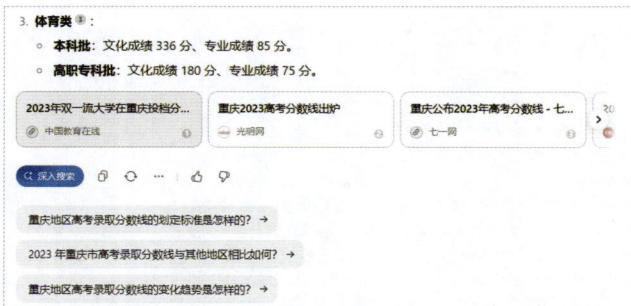

图3.19-7

> **Tips**
>
> 　　单击生成结果下方的链接，可以跳转到相关网页查看更详细的介绍。
> 　　高考志愿填报一般需要参考各省份往年及当年的高考分数线，并结合考生的意向和兴趣来提供建议，教师在进行咨询前可以借助 AI 工具多查询相关资料信息，再结合 AI 工具的推荐进行分析，帮助考生做出更合理的选择。

第 4 章
日常教务管理

　　教师使用 AI 工具来进行日常教务管理，可以极大地提高工作效率，通过智能化处理大量繁琐的行政工作，如成绩录入、课程安排等，教师能够将更多精力投入到教学本身，关注学生的个性化需求。

04

4.1
智能排课助手

AI 工具：豆包

　　在教学中，课程的安排不仅影响着教师的教学节奏和教学进度，还直接关系到学生的学习体验和效果，科学合理的排课是实现高效教育不可或缺的一环。教师可以让 AI 工具担任排课助手，它可以快速处理大量的文本和数据信息，比如课程要求、教室资源、教师时间偏好以及学生选课情况等，并根据这些信息生成多种可行的排课方案。

操作步骤　　豆包的智能体可以根据教师的需求提出排课建议，并直接生成课程表，方便教师后续编辑使用。

第 1 步　选择智能体

　　进入豆包的"发现 AI 智能体"页面，在搜索框中输入"排课"关键词，然后单击"排课"智能体，如图 4.1-1 所示。

发现 AI 智能体　　　　　　　　　　　　　　　　　　＋ 创建 AI 智能体

🔍 排课　　　　　　　　　　　　　　　　　　　　　　　　　　　⊗

排课
能为用户生成合理课程表且可按特殊要求调…
🔥 135 · @寒乔六月

排课AI
专业排课助手，精准高效生成合理课程表
🔥 103 · @倪嘉森森

图4.1-1

第 2 步　开始排课

　　单击第三个提示词模板，让 AI 工具排一周的艺术课程，如图 4.1-2 所示。随后，AI 工具会询问具体的排课信息，如图 4.1-3 所示。

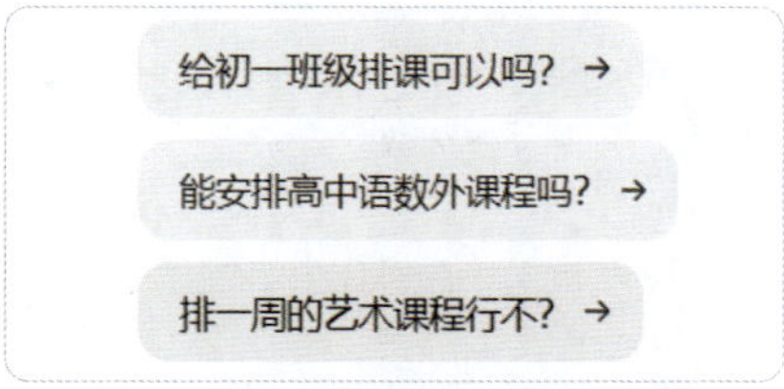

给初一班级排课可以吗？→

能安排高中语数外课程吗？→

排一周的艺术课程行不？→

图4.1-2

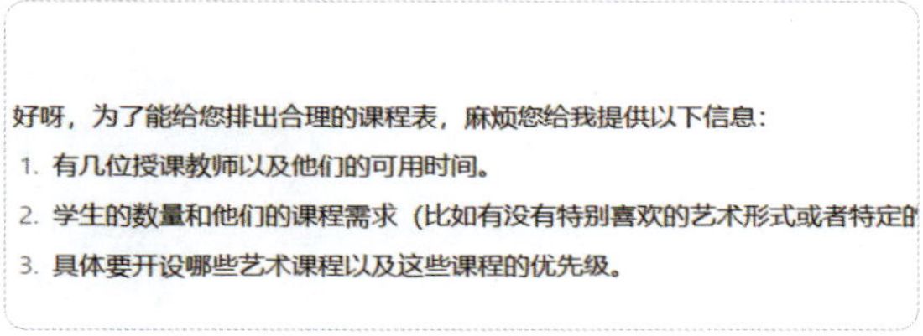

好呀，为了能给您排出合理的课程表，麻烦您给我提供以下信息：
1. 有几位授课教师以及他们的可用时间。
2. 学生的数量和他们的课程需求（比如有没有特别喜欢的艺术形式或者特定的
3. 具体要开设哪些艺术课程以及这些课程的优先级。

图4.1-3

第 3 步　提供信息

根据 AI 工具的问题，在对话框中输入关于课程的具体信息和排课要求，然后单击右侧箭头按钮或者按 Enter 键发送，如图 4.1-4 所示。

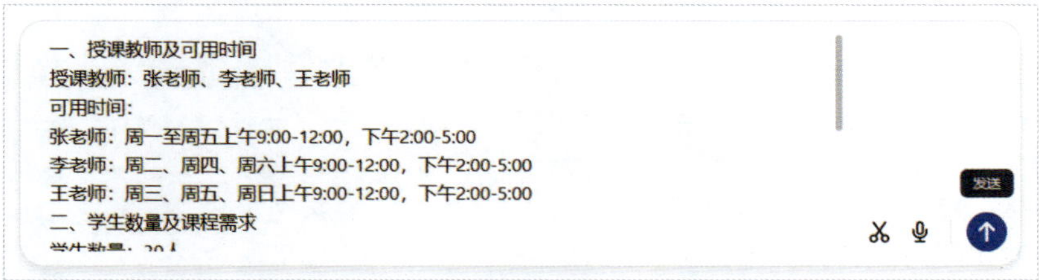

一、授课教师及可用时间
授课教师：张老师、李老师、王老师
可用时间：
张老师：周一至周五上午9:00-12:00，下午2:00-5:00
李老师：周二、周四、周六上午9:00-12:00，下午2:00-5:00
王老师：周三、周五、周日上午9:00-12:00，下午2:00-5:00
二、学生数量及课程需求
学生数量：30人

图4.1-4

第 4 步　生成课表

随后，可以看到 AI 工具生成的课程表，如图 4.1-5 所示。

以下是为您生成的一周艺术课程表：

时间	周一	周二	周三	周四	周五	周六	周日
9:00 - 10:30	绘画	书法	绘画	绘画	摄影	书法	摄影
10:30 - 12:00	绘画	书法	绘画	绘画	摄影	书法	摄影
14:00 - 15:30	摄影	绘画	书法	摄影	绘画	绘画	书法
15:30 - 17:00	摄影	绘画	书法	摄影	绘画	绘画	书法

这样的安排充分考虑了教师的可用时间、学生的课程需求以及课程的优先级，您看看是否满意？如有需要调整的地方，请告诉我。

图4.1-5

第 5 步　调整课表

如果需要对课表内容或者排课安排进行调整，可以继续和 AI 工具对话，让它进行调整，如图 4.1-6 所示。

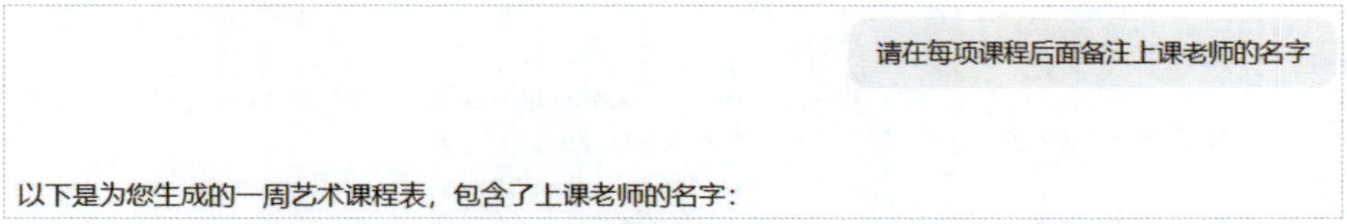

请在每项课程后面备注上课老师的名字

以下是为您生成的一周艺术课程表，包含了上课老师的名字：

图4.1-6

第 6 步 生成其他课表

在对话框中输入新的提示词并发送，让 AI 工具根据需求生成新的课表，如图 4.1-7 所示。

随后，可以看到 AI 工具生成的课表，如图 4.1-8 所示。

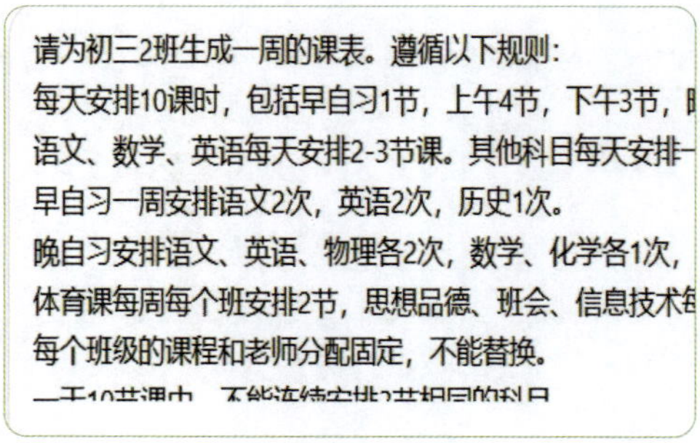

请为初三2班生成一周的课表。遵循以下规则：
每天安排10课时，包括早自习1节，上午4节，下午3节，晚
语文、数学、英语每天安排2-3节课。其他科目每天安排一
早自习一周安排语文2次，英语2次，历史1次。
晚自习安排语文、英语、物理各2次，数学、化学各1次，
体育课每周每个班安排2节，思想品德、班会、信息技术每
每个班级的课程和老师分配固定，不能替换。
一天10节课中，不能连续安排共相同的科目

图4.1-7

好的，以下是为初三 2 班生成的一周课表，假设各科老师分别为：
理吴老师、化学周老师、历史郑老师、体育李老师、思想品德王老

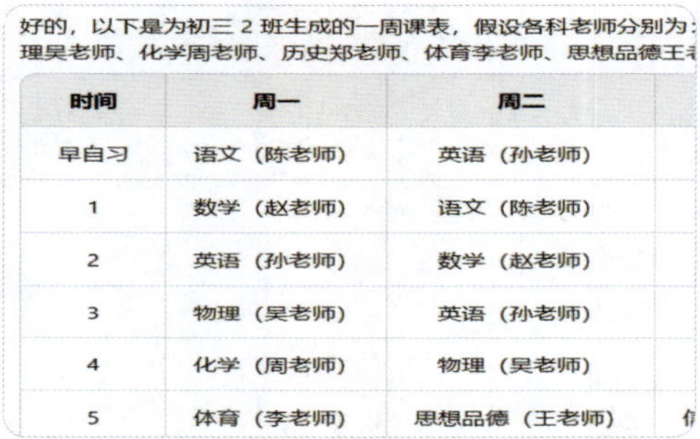

时间	周一	周二
早自习	语文（陈老师）	英语（孙老师）
1	数学（赵老师）	语文（陈老师）
2	英语（孙老师）	数学（赵老师）
3	物理（吴老师）	英语（孙老师）
4	化学（周老师）	物理（吴老师）
5	体育（李老师）	思想品德（王老师）

图4.1-8

如果觉得课程的某些安排不符合需求，可以通过对话让 AI 工具继续调整课表或者单击"重新生成"按钮，生成新的课表，如图 4.1-9 所示。

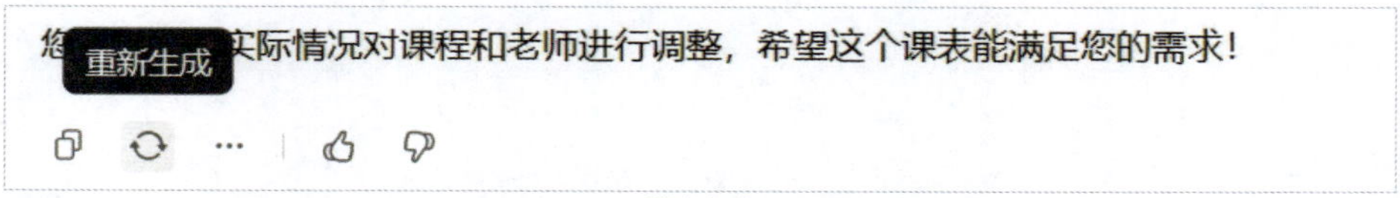

您 重新生成 实际情况对课程和老师进行调整，希望这个课表能满足您的需求！

图4.1-9

Tips

让 AI 工具辅助排课时，输入的提示词越详细，生成的课表也会更接近教师的需求。

教师可以将生成的课表复制到 Excel 表格中，根据实际需求进行调整后再使用。

4.2
会议纪要排版

AI 工具：WPS AI

教师在进行日常教务工作时，时常需要整理会议纪要的内容与格式。为了方便查阅，会议后通常需要及时对会议纪要进行整理和重新排版。一些 AI 工具的自动排版功能可以根据预设的格式要求或模板自动生成专业的布局设计，包括调整字体大小、设置合适的行间距以及添加页眉页脚等元素，可以快速让会议纪要的文档看起来更加整洁美观。

操作步骤　　WPS AI 的排版功能可以一键对会议纪要文档按专业格式进行排版，确保文档的专业性和一致性。

第 1 步　打开文档

在 WPS 中打开一篇会议纪要文档，如图 4.2-1 所示。

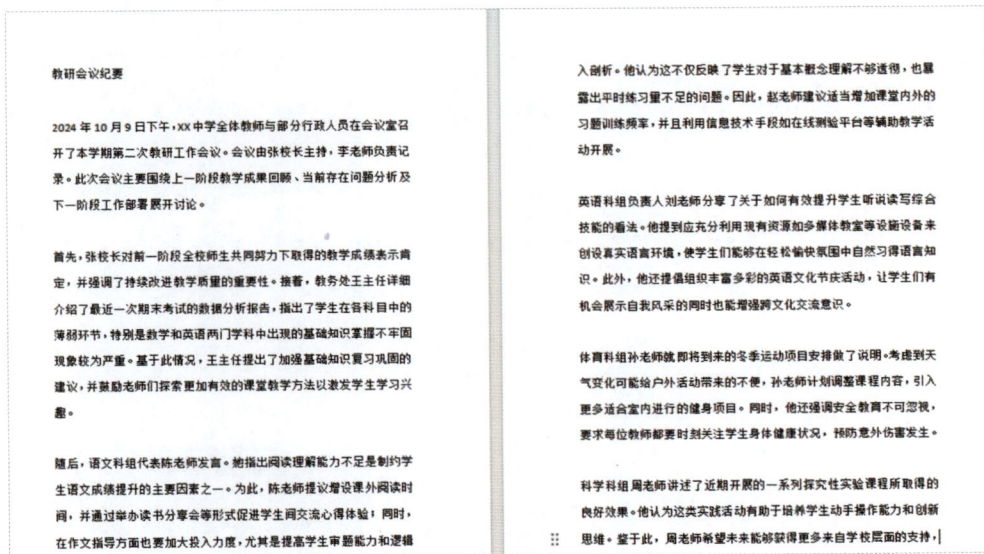

图4.2-1

第 2 步 选择功能

单击菜单栏里的 WPS AI 选项卡，然后单击工具栏中的"AI 排版"右侧的"公文排版"，如图 4.2-2 所示。

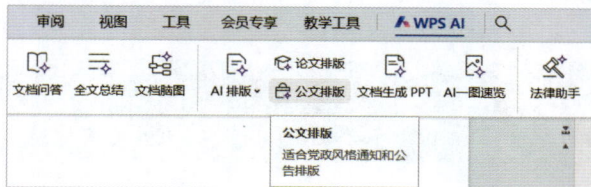

图4.2-2

第 3 步 开始排版

单击会议纪要模板中的"开始排版"按钮，如图 4.2-3 所示。

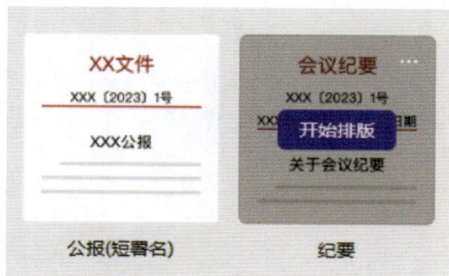

图4.2-3

第 4 步 查看排版

排版之后，可以在页面中进行查看，如果觉得排版符合需求，单击页面下方的"应用到当前"按钮即可完成排版，如图 4.2-4 所示。

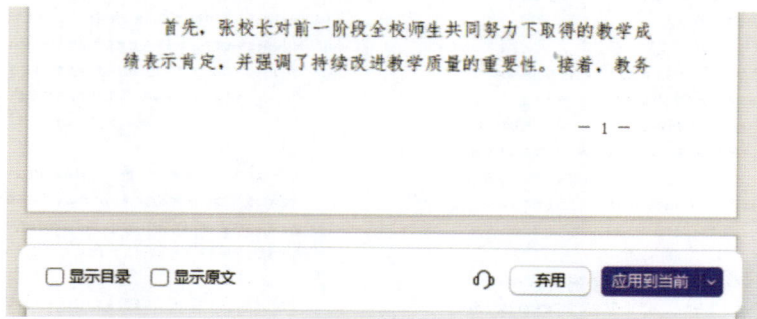

图4.2-4

Tips

在查看排版时，单击文字区域，可以对文本字体样式进行调整，如图 4.2-5 所示。

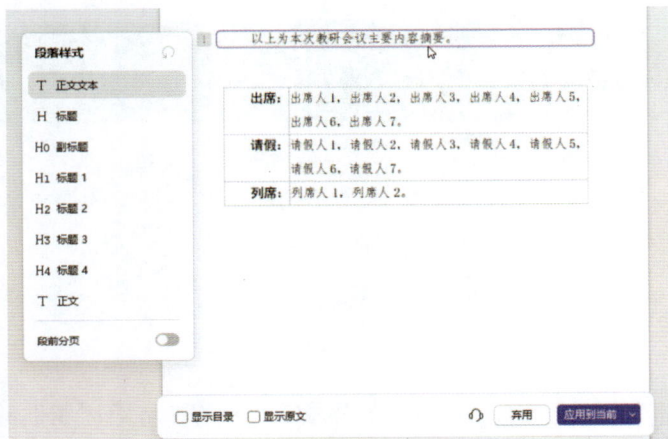

图4.2-5

第 5 步 调整与优化

完成排版之后，如果觉得该文档还需要优化，如补充或者修改文字等，可以自行在 WPS 中进行调整。排完版之后的会议纪要如图 4.2-6 所示。

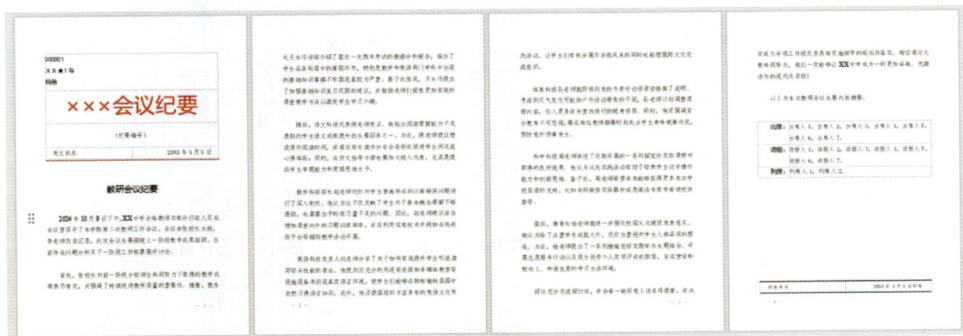

图4.2-6

4.3
撰写工作周报

AI 工具：讯飞星火

　　对于教师来说，撰写工作周报可以帮助自己清晰地了解本周完成了哪些教学内容，通过回顾，使教师可以思考自己所采用的教学方法是否有效。在学校的教研活动或者教师团队内部交流中，工作周报可以作为教师之间交流教学经验的工具。教师可以使用 AI 工具来辅助撰写工作周报，让 AI 工具快速整理和归纳一周的教学活动、学生表现以及遇到的问题。

操作步骤　　讯飞星火的文稿写作助手智能体可以帮助教师快速撰写工作周报，提升工作效率。

第 1 步　选择智能体

进入讯飞星火首页，单击"文稿写作助手"智能体，如图 4.3-1 所示。

Hi，我是讯飞星火

能写会画，有问必答，拥有海量智能体，打造更懂你的AI助手　　　　　C 换一换　88 智能体中心

python大脑
输入python问题（可以输入关键词，可...
🔥 1438.6万

文稿写作助手
AI写作，让你更会写
🔥 157万

图4.3-1

Tips

　　如果在首页未能看到"文稿写作助手"这个智能体，可以单击右上角的"换一换"按钮。

第 2 步　明确需求

在对话框中输入提示词，让 AI 工具撰写一篇工作周报，然后单击右侧"发送"按钮或者按 Enter 键发送，如图 4.3-2 所示。

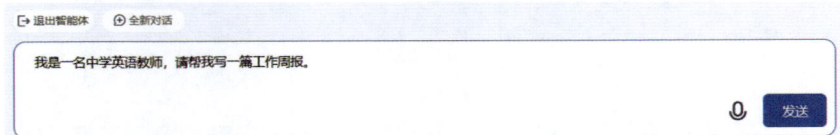

图4.3-2

第 3 步　查看周报

随后，可以看到 AI 工具生成的工作周报，如图 4.3-3、图 4.3-4 所示。

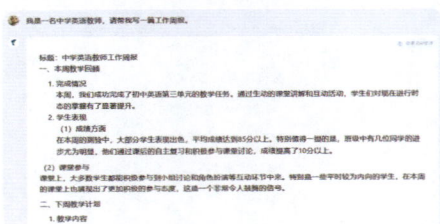

图4.3-3

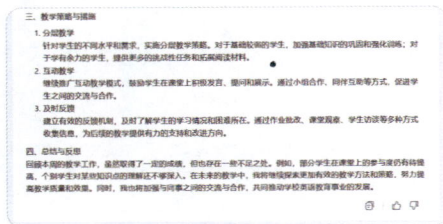

图4.3-4

> **Tips**
>
> 教师可以在生成的工作周报示例的基础上，结合自身实际情况进行调整和修改。

第 4 步　其他撰写方式

教师也可以通过讯飞星火的内容写作功能来撰写工作周报。单击首页对话框上方的"内容写作"按钮，如图 4.3-5 所示。

图4.3-5

对写作的类型和语气进行选择，在对话框中输入提示词，让 AI 工具根据要求写一篇工作周报，然后单击右侧"发送"按钮或者按 Enter 键发送，如图 4.3-6 所示。

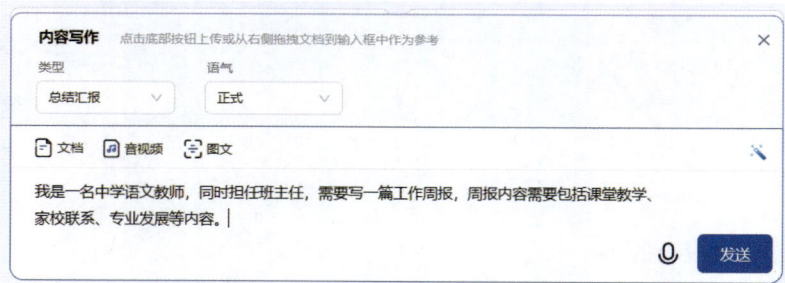

图4.3-6

随后，可以看到 AI 工具生成的工作周报，如图 4.3-7、图 4.3-8 所示。

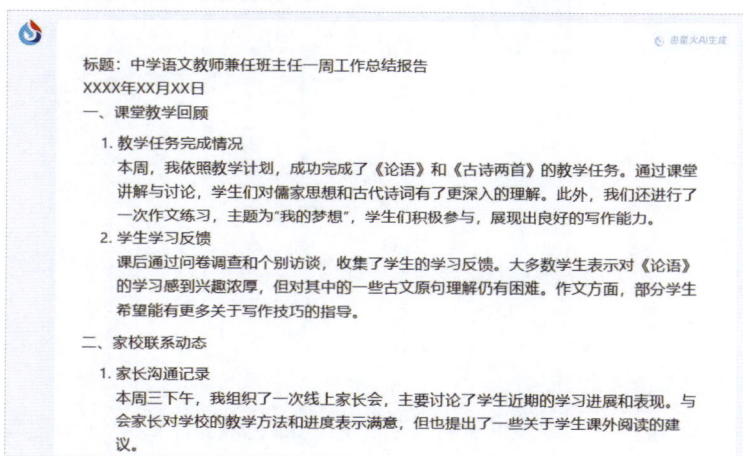

图4.3-7

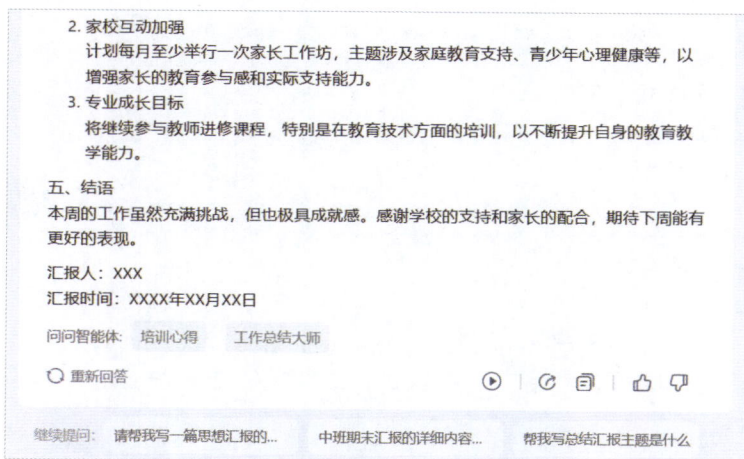

图4.3-8

4.4
撰写招生文案

AI 工具：豆包 +WPS AI

　　优质的招生文案能够有效地传达学校的教育理念、师资力量、课程特色及优势，吸引潜在学生及家长的注意力，从而提升学校的社会认可度和招生数量。在 AI 工具的帮助下，教师可以轻松撰写各种类型和风格的招生文案，AI 工具可以根据不同的目标群体（如不同年级、不同兴趣的学生）来定制招生文案，提高文案的针对性和有效性。

操作步骤　　　　讯飞星火的文稿写作助手智能体可以帮助教师快速撰写工作周报，提升工作效率。

第 1 步 选择智能体

进入豆包的"发现 AI 智能体"页面，在搜索框中输入"招生文案"关键词，然后单击"招生文案"智能体，如图 4.4-1 所示。

图4.4-1

第 2 步 明确需求

在对话框中输入提示词，让 AI 工具撰写一篇招生文案，然后单击右侧箭头按钮或者按 Enter 键发送，如图 4.4-2 所示。

图4.4-2

第 3 步 查看文案

随后，可以看到 AI 工具生成的招生文案，如图 4.4-3 所示。

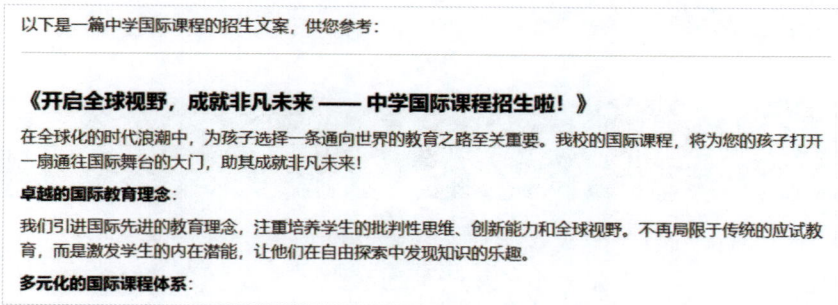

以下是一篇中学国际课程的招生文案，供您参考：

《开启全球视野，成就非凡未来 —— 中学国际课程招生啦！》

在全球化的时代浪潮中，为孩子选择一条通向世界的教育之路至关重要。我校的国际课程，将为您的孩子打开一扇通往国际舞台的大门，助其成就非凡未来！

卓越的国际教育理念：

我们引进国际先进的教育理念，注重培养学生的批判性思维、创新能力和全球视野。不再局限于传统的应试教育，而是激发学生的内在潜能，让他们在自由探索中发现知识的乐趣。

多元化的国际课程体系：

图4.4-3

Tips

在输入提示词时，如果可以提供更多关于学校课程的独特优势和特色，比如特定的合作院校、独特的教学方法等，可以让 AI 工具创作出更具针对性和吸引力的招生文案。

第 4 步 撰写其他文案

在对话框中输入新的提示词并发送，让 AI 工具撰写其他风格的招生文案，随后，可以看到 AI 工具生成的新的招生文案，如图 4.4-4 所示。

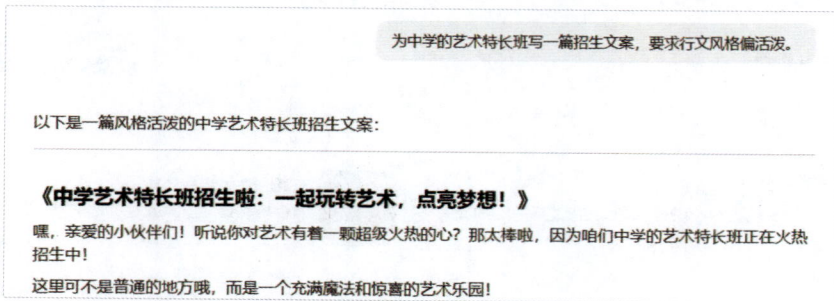

为中学的艺术特长班写一篇招生文案，要求行文风格偏活泼。

以下是一篇风格活泼的中学艺术特长班招生文案：

《中学艺术特长班招生啦：一起玩转艺术，点亮梦想！》

嘿，亲爱的小伙伴们！听说你对艺术有着一颗超级火热的心？那太棒啦，因为咱们中学的艺术特长班正在火热招生中！

这里可不是普通的地方哦，而是一个充满魔法和惊喜的艺术乐园！

图4.4-4

Tips

教师可以在提示词中加入对文案风格、字数等的特定要求，让 AI 工具定制出更有特色的招生文案。

第 5 步　AI 工具改写

如果教师觉得自己撰写的招生文案需要调整，可以借助 WPS AI 的改写（润色、续写、扩写）功能来完成。在 WPS 中打开一篇已写好的招生文案，如图 4.4-5 所示。

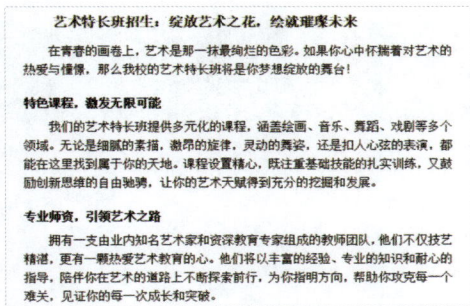

图4.4-5

选中想要改写的文案，唤起 WPS AI 选项卡，在"帮我改"选项右侧单击"缩写"，如图 4.4-6 所示。

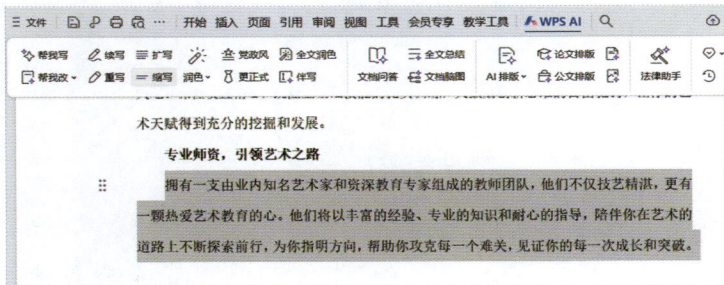

图4.4-6

随后，可以在弹出的页面中看到 AI 工具改写之后的文案，如果觉得改写后的文案符合需求，单击"替换"按钮即可，如图 4.4-7 所示。

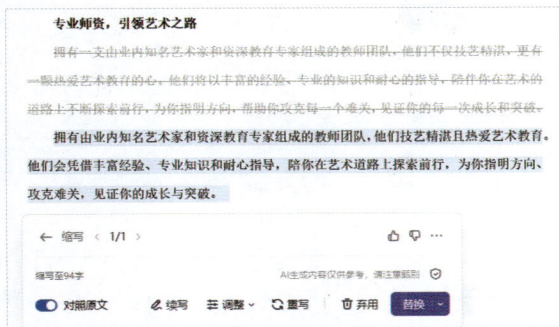

图4.4-7

4.5
邮件管理助手

AI 工具：豆包

　　处理和回复邮件是教师日常工作的重要组成部分，有序地处理电子邮件，才能够保持与同事、家长以及学生们之间顺畅有效的沟通。AI 工具可以减轻教师在日常工作中处理和回复邮件的压力，它可以帮助教师跟踪和管理邮件沟通情况，并自动生成回复内容，确保教师能够及时、准确地与家长、学生和同事进行沟通。

操作步骤

豆包可以充当教师的邮件管理助手，帮助教师快速撰写、回复和管理邮件。

第 1 步　撰写邮件

进入豆包首页，单击"帮我写作"按钮，如图 4.5-1 所示。

图4.5-1

单击"学习/教育"按钮，然后单击"邮件"按钮，如图 4.5-2 所示。

图4.5-2

在对话框中将邮件主题和内容补充完整，然后单击右侧箭头按钮或者按

Enter 键发送，如图 4.5-3 所示。

图4.5-3

随后，可以看到 AI 工具生成的邮件内容，如图 4.5-4 所示。

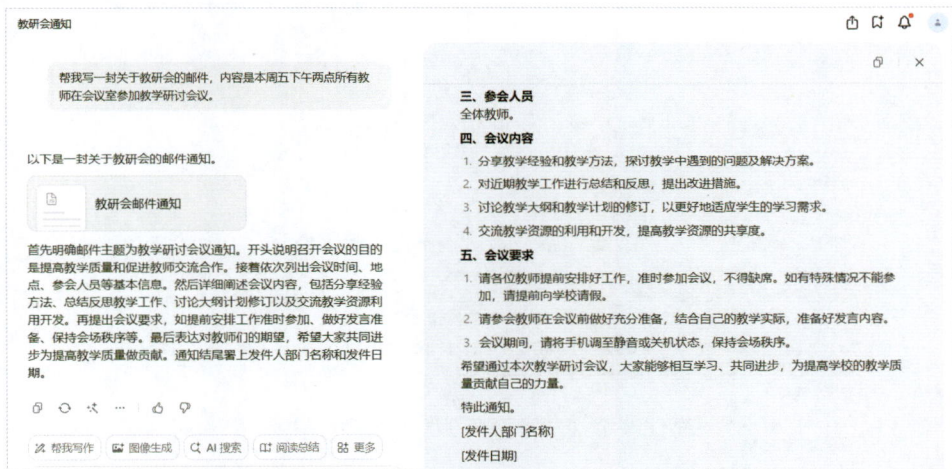

图4.5-4

单击"调整"按钮，可以对生成邮件的内容、语气和语言进行调整，如图 4.5-5 所示。

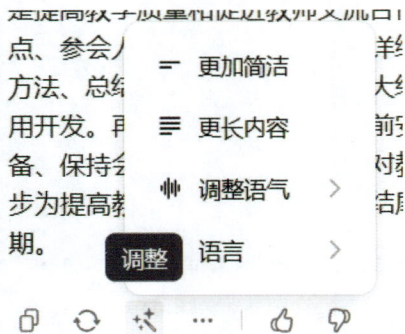

图4.5-5

第 2 步 回复邮件

在豆包首页的对话框中输入提示词并发送，让 AI 工具根据收到的邮件信息，撰写一封回复邮件，如图 4.5-6 所示。

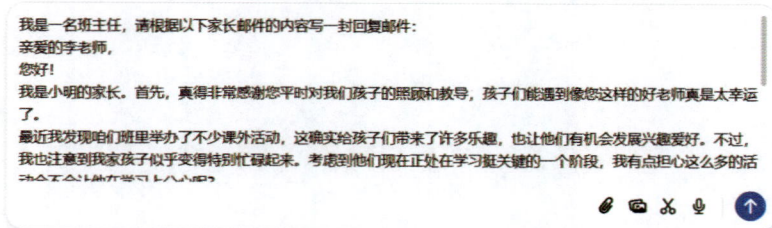

我是一名班主任，请根据以下家长邮件的内容写一封回复邮件：
亲爱的李老师，
您好！
我是小明的家长。首先，真得非常感谢您平时对我们孩子的照顾和教导，孩子们能遇到像您这样的好老师真是太幸运了。
最近我发现咱们班里举办了不少课外活动，这确实给孩子们带来了许多乐趣，也让他们有机会发展兴趣爱好。不过，我也注意到我家孩子似乎变得特别忙碌起来。考虑到他们现在正处在学习挺关键的一个阶段，我有点担心这么多的活动会不会让他在学习上分心呢？

图4.5-6

随后，可以看到 AI 工具撰写的回复邮件，如图 4.5-7 所示。

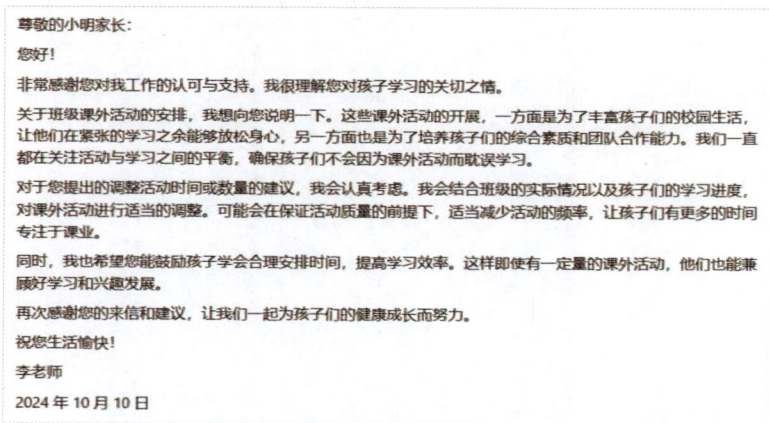

尊敬的小明家长：

您好！

非常感谢您对我工作的认可与支持。我很理解您对孩子学习的关切之情。

关于班级课外活动的安排，我想向您说明一下。这些课外活动的开展，一方面是为了丰富孩子们的校园生活，让他们在紧张的学习之余能够放松身心，另一方面也是为了培养孩子们的综合素质和团队合作能力。我们一直都在关注活动与学习之间的平衡，确保孩子们不会因为课外活动而耽误学习。

对于您提出的调整活动时间或数量的建议，我会认真考虑。我会结合班级的实际情况以及孩子们的学习进度，对课外活动进行适当的调整。可能会在保证活动质量的前提下，适当减少活动的频率，让孩子们有更多的时间专注于课业。

同时，我也希望您能鼓励孩子学会合理安排时间，提高学习效率。这样即使有一定量的课外活动，他们也能兼顾好学习和兴趣发展。

再次感谢您的来信和建议，让我们一起为孩子们的健康成长而努力。

祝您生活愉快！
李老师
2024 年 10 月 10 日

图4.5-7

第 3 步 优化回复

在豆包首页的对话框中输入提示词并发送，让 AI 工具对邮件回复的用语进行优化，如图 4.5-8 ～图 4.5-10 所示。

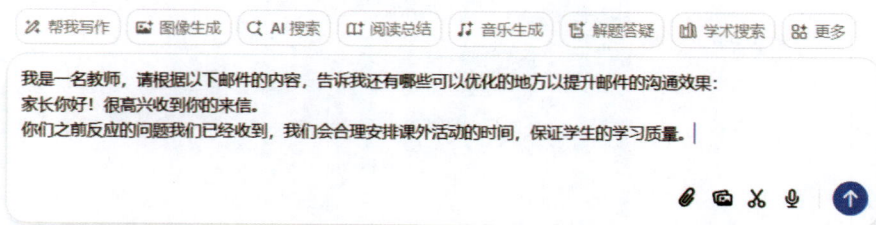

帮我写作　　图像生成　　AI 搜索　　阅读总结　　音乐生成　　解题答疑　　学术搜索　　更多

我是一名教师，请根据以下邮件的内容，告诉我还有哪些可以优化的地方以提升邮件的沟通效果：
家长你好！很高兴收到你的来信。
你们之前反应的问题我们已经收到，我们会合理安排课外活动的时间，保证学生的学习质量。

图4.5-8

这封邮件可以从以下几个方面进行优化以提升沟通效果：

一、开头部分

个性化问候语：可以加上家长的具体称呼，如 "尊敬的 [家长姓氏] 先生 / 女士"，让家长感受到更个性化的关注。

二、中间部分

1. 解释说明：可以进一步解释为什么要开展课外活动，以及这些活动对学生成长的积极意义，让家长更全面地了解活动的价值。

2. 具体措施：详细说明将如何合理安排课外活动时间，比如具体会减少哪些活动的时长或者调整活动的日期等，让家长有更清晰的认知。

3. 关注学生个体：提及会关注每个学生在活动和学习中的表现，根据不同学生的情况进行个性化的调整，让家长放心孩子不会被忽视。

三、结尾部分

1. 邀请参与：可以邀请家长参与到学校的活动安排讨论中，或者欢迎家长随时提出意见和建议，增强家长的参与感。

2. 温暖结束语：使用更温暖的结束语，如 "再次感谢您对我们工作的支持与理解，让我们一起为孩子的美好未来共同努力。"

图4.5-9

例如优化后的邮件：

尊敬的 [家长姓氏] 先生 / 女士：

您好！非常高兴收到您的来信。

首先，我想向您说明一下学校开展课外活动的初衷。这些活动不仅能丰富学生的校园生活，还可以培养他们的团队合作精神、创新能力和综合素质。我们深知学生目前处于关键的学习阶段，所以您对于课外活动可能影响学习的担忧我们非常理解。

关于您提到的合理安排课外活动时间的问题，我们已经制定了一系列具体的措施。比如，我们会将一些耗时较长的活动进行精简，缩短活动时间；对于活动的安排也会更加科学，避免与重要的学习任务冲突。同时，我们会密切关注每一位学生在活动和学习中的表现，根据他们的实际情况进行个性化的调整，确保每个孩子都能在不影响学习的前提下充分享受课外活动的乐趣。

我们也非常欢迎您参与到学校的活动安排讨论中来，您的意见和建议对我们非常重要。如果您有任何想法或者建议，随时都可以与我们沟通。

再次感谢您对我们工作的支持与理解，让我们一起为孩子的美好未来共同努力。

祝您生活愉快，家庭幸福！

[你的名字]

[具体日期]

图4.5-10

第 4 步　提供回复模板

对于一些重复性高且结构相似的邮件，可以让 AI 工具提供预设的回复模板以供参考。在对话框中输入提示词，让 AI 工具根据邮件中不同的对象和场景设定回复模板。随后，可以看到 AI 工具给出的模板建议，如图 4.5-11、图 4.5-12 所示。

我是一名教师，请针对不同的沟通场景和对象（如学生、家长、同事等）帮我设计不同的邮件回复模板，模板中需要包含个性化的问候语、结束语。

以下是针对不同沟通场景和对象的邮件回复模板：

一、回复学生

主题：关于 [具体问题] 的回复

亲爱的 [学生名字]：

你好！很高兴收到你的邮件。看到你对 [问题内容] 如此积极地思考和探索，老师感到非常欣慰。

关于你的问题，[具体回复内容]。希望你能继续保持这种积极主动的学习态度，不断进步。

图4.5-11

二、回复家长

主题：关于 [学生名字] 的沟通回复

尊敬的 [家长称呼]：

您好！非常感谢您对孩子教育的关注和对我工作的支持。

关于您在邮件中提到的 [问题内容]，[具体回复内容]。我们会共同努力，为孩子创造更好的学习和成长环境。

期待我们继续保持密切沟通，一起见证孩子的成长和进步。

祝您工作顺利，家庭幸福！

[你的名字]

[具体日期]

图4.5-12

第 5 步 优先级建议

当教师面临大量邮件需要回复时，在对话框中输入提示词，让 AI 工具根据邮件内容进行分析并提供优先级建议，随后，可以看到 AI 工具给出的优先级排序，如图 4.5-13、图 4.5-14 所示。

找收到了几封邮件，请根据邮件的内容和紧急程度提供优先级回复建议，邮件内容如下：
邮件一："关于明天家长会的重要通知"
发件人：学校行政办公室
内容摘要：通知所有老师明天下午将举行一次全体家长会议，并要求每位老师准备一份简短的发言。
邮件二："小明同学的家庭作业问题"
发件人：小明的母亲
内容摘要：小明母亲提到孩子在完成某项家庭作业时遇到了困难，请求老师的指导。
邮件三："下周教学计划讨论"

图4.5-13

优先级回复建议如下：

最高优先级：

邮件一。因为学校行政办公室通知的明天家长会非常紧急，且要求老师准备简短发言，需要尽快回复并着手准备。

次高优先级：

邮件二。小明母亲提到孩子家庭作业问题也比较紧急，但相比家长会的时间紧迫性稍弱一些。可以在处理完邮件一之后尽快回复，给予家长指导和反馈，以免影响孩子的学习进度。

中等优先级：

邮件三。同事张老师关于下周教学计划的讨论虽然也重要，但时间上相对没有那么紧急，可以在回复完前两封邮件后进行沟通商讨。

最低优先级：

邮件四。学校餐厅通知的午餐菜单更新相对来说不那么紧急，对教学工作也没有直接影响，可以在有时间的时候再查看回复。

图4.5-14

第 5 章
学术研究与个人发展

　　人工智能（AI）在教师的学术研究与个人发展中扮演着越来越重要的角色。AI 工具能够辅助教师收集与筛选资料、确定选题等，为学术研究提供支持。同时，AI 工具还能基于教师的兴趣点和发展需求定制适合的学习资源或培训课程，促进其专业知识的增长和技术能力的提升。

05

5.1
辅助立项选题

AI 工具：DeepSeek

　　课题申报是教师职业发展和学术研究中的重要环节，而一个恰当而有前瞻性的选题是整个研究工作的起点，它不仅决定了研究的方向和内容，还直接影响到项目的可行性和最终成果的价值。教师可以借助 AI 工具来辅助立项选题，提升课题申报的效率和质量，优化课题申报的流程。

操作步骤

　　在进行课题申报时，教师可以借助 DeepSeek 来拓宽思路，寻找选题。

第 1 步 开始提问

　　进入 DeepSeek 首页，在对话框中输入提示词，向 AI 工具提问，然后单击右侧箭头按钮或者按 Enter 键发送，如图 5.1-1 所示。

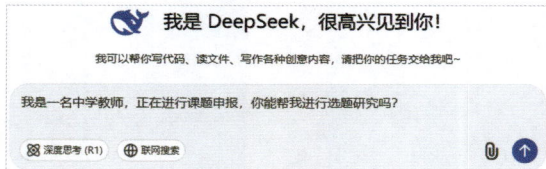

> 我是 DeepSeek，很高兴见到你！
>
> 我可以帮你写代码、读文件、写作各种创意内容，请把你的任务交给我吧~
>
> 我是一名中学教师，正在进行课题申报，你能帮我进行选题研究吗？
>
> 深度思考 (R1)　联网搜索

图5.1-1

　　随后，可以看到 AI 工具需要补充更加具体的信息来进行选题研究，如图 5.1-2、图 5.1-3 所示。

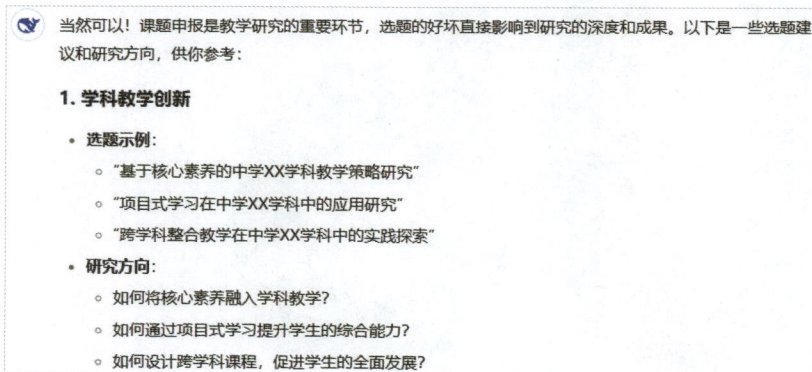

> 当然可以！课题申报是教学研究的重要环节，选题的好坏直接影响到研究的深度和成果。以下是一些选题建议和研究方向，供你参考：
>
> **1. 学科教学创新**
>
> - **选题示例：**
>   - "基于核心素养的中学XX学科教学策略研究"
>   - "项目式学习在中学XX学科中的应用研究"
>   - "跨学科整合教学在中学XX学科中的实践探索"
> - **研究方向：**
>   - 如何将核心素养融入学科教学？
>   - 如何通过项目式学习提升学生的综合能力？
>   - 如何设计跨学科课程，促进学生的全面发展？

图5.1-2

选题建议：

1. **结合实际问题**：选题应结合你在教学中遇到的实际问题，这样研究更有针对性和实践意义。
2. **创新性**：尽量选择有一定创新性的课题，避免重复已有的研究。
3. **可行性**：确保课题在时间和资源上是可行的，避免过于宏大或难以操作的选题。
4. **数据支持**：如果可能，选择可以通过数据收集和分析来验证的课题，这样研究结果更具说服力。

下一步：

1. **确定选题方向**：根据你的兴趣和教学实际，选择一个具体的领域。
2. **查阅文献**：了解该领域已有的研究成果，找到研究的空白点或创新点。
3. **设计研究方案**：明确研究目标、研究方法、研究步骤和预期成果。

如果你有具体的学科或教学背景，我可以进一步为你提供更具体的建议！

图5.1-3

第 2 步　提供信息

在对话框中输入提示词并发送，补充关于专业方向及研究兴趣的具体信息，如图 5.1-4 所示。

我的学科领域是新闻传播，研究方向是文化传播，研究兴趣是传统节日的文化传播策略，我可以申报的题目有哪些？

深度思考 (R1)　　联网搜索

图5.1-4

第 3 步　查看选题

随后，可以看到 AI 工具给出的选题建议，如图 5.1-5、图 5.1-6 所示。

结合你的学科领域（新闻传播）、研究方向（文化传播）以及研究兴趣（传统节日文化传播策略），以下是为你量身设计的课题申报题目建议。这些题目既体现新闻传播学的理论视角，又聚焦传统节日文化的创新传播策略，同时结合当前社会热点和技术趋势，突出可行性与创新性：

一、基于新媒体技术的传统节日文化传播策略

1. "短视频平台中传统节日文化的符号重构与传播策略研究"
   - 研究重点：分析抖音、快手等短视频平台上传统节日文化的符号化呈现（如视觉符号、仪式符号），探讨传播策略与用户互动模式。
2. "元宇宙场景下传统节日的沉浸式传播路径研究"
   - 研究重点：结合VR/AR技术，探索虚拟空间中传统节日文化的场景化、体验化传播创新。
3. "媒介融合视域下传统节日文化传播的叙事创新研究"
   - 研究重点：研究传统节日在跨媒体叙事（如纪录片、H5、直播）中的策略优化。

二、传统节日文化传播的跨文化视角

4. "国际传播视角下中国传统节日的文化转译与认同构建研究"
   - 研究重点：以"春节全球化"为例，分析跨文化传播中的符号转译、文化冲突与认同机制。
5. "一带一路沿线国家对中国传统节日的认知与传播效果研究"
   - 研究重点：通过海外社交媒体（如TikTok）数据，评估传播策略的有效性与文化适应问题。

图5.1-5

三、传统节日与青少年群体传播策略

6. **"Z世代语境下传统节日文化的'破圈'传播策略研究"**
   - 研究重点：结合国潮、二次元等亚文化，探索传统节日在年轻群体中的传播路径（如联名IP、互动游戏）。

7. **"传统节日文化在校园新媒体中的传播实践与策略优化——以XX中学为例"**
   - 研究重点：通过校园公众号、短视频账号等案例，提出教育场景下的传播模式创新。

四、乡村振兴与传统节日文化传播

8. **"乡村振兴背景下乡村传统节日的数字化传播策略研究"**
   - 研究重点：以乡村文旅直播、非遗数字化为例，探讨传统节日文化助力乡村振兴的路径。

9. **"少数民族传统节日文化的地方性传播与新媒体赋能研究"**
   - 研究重点：聚焦某一少数民族节日（如傣族泼水节），分析新媒体如何平衡文化保护与传播创新。

五、文化传播理论视角下的策略研究

10. **"仪式传播理论视域下传统节日文化的媒介化实践研究"**
    - 研究重点：从"仪式感"角度分析传统节日在社交媒体中的传播机制（如中秋"云团聚"直播）。

11. **"集体记忆视角下传统节日文化的媒介建构研究"**
    - 研究重点：对比传统媒体与新媒体对节日记忆的塑造差异（如春节"年味"话语变迁）。

六、数字化转型与传统节日文化创新

12. **"数字孪生技术赋能传统节日文化传播的路径探索"**
    - 研究重点：结合数字博物馆、虚拟展演等案例，提出技术驱动下的文化传播新模式。

13. **"传统节日文化IP的数字化开发与传播策略研究"**
    - 研究重点：以故宫、敦煌等文化IP为参照，探索节日文化IP的衍生品开发与传播链条。

选题优化建议：

1. **突出"问题意识"**：在题目中明确要解决的具体问题（如"破圈难""文化折扣""代际断层"）。

2. **结合地域特色**：若你所在地区有独特传统节日（如地方庙会、傩戏节），可加入地域案例，增强独特性。

3. **方法论创新**：建议结合定量研究（如社交媒体数据抓取、问卷调查）与定性分析（如符号学、话语分析），提升课题深度。

如果需要进一步细化某个题目的研究框架或文献支持，可以随时告诉我！

图5.1-6

第 4 步 细化选题

教师可以继续通过对话的方式让 AI 工具对选题进行细化或调整，如图 5.1-7 所示。

> "短视频平台中传统节日文化的符号重构与传播策略研究"这个选题还能再细化吗?
>
> **短视频平台中传统节日文化的符号重构与传播策略研究：细化方向**
>
> 这个选题可以从多个角度进行细化，以下提供几个思路：
>
> **1. 聚焦特定节日或平台：**
>
> - **特定节日：** 选择春节、端午节、中秋节等具有代表性的传统节日，分析其在短视频平台上的符号重构和传播策略。
>   - 例如："短视频平台中春节文化的符号重构与传播策略研究——以抖音为例"
> - **特定平台：** 选择抖音、快手、B站等不同平台，分析其用户群体、内容风格对传统节日文化传播的影响。
>   - 例如："B站青年亚文化视角下中秋节文化的符号重构与传播策略研究"
>
> **2. 聚焦特定符号或传播策略：**
>
> - **特定符号：** 选择传统节日中具有代表性的符号，如春节的"福"字、端午节的粽子、中秋节的月亮等，分析其在短视频平台上的重构方式和传播效果。
>   - 例如："短视频平台中端午节粽子符号的多元重构与传播策略研究"
> - **特定传播策略：** 选择短视频平台常用的传播策略，如挑战赛、合拍、特效道具等，分析其如何应用于传统节日文化传播。
>   - 例如："基于短视频挑战赛的清明节文化传播策略研究"
>
> **3. 聚焦特定受众或传播效果：**
>
> - **特定受众：** 选择Z世代、银发族等不同年龄段用户，分析其对短视频平台中传统节日文化的接受程度和参与方式。
>   - 例如："Z世代视角下短视频平台中重阳节文化的符号重构与传播策略研究"
> - **传播效果：** 通过数据分析、用户访谈等方法，评估短视频平台对传统节日文化传播的效果和影响。
>   - 例如："短视频平台对传统节日文化传播的影响研究——以春节为例"
>
> **4. 结合其他学科视角：**
>
> - **文化研究：** 从文化研究的角度，分析短视频平台对传统节日文化的解构、重构和再创造。
> - **传播学：** 从传播学的角度，分析短视频平台的传播机制、用户行为对传统节日文化传播的影响。
> - **社会学：** 从社会学的角度，分析短视频平台对传统节日文化的社会意义和价值观念的影响。
>
> **细化选题时，建议考虑以下因素：**
>
> - **自身兴趣和研究基础：** 选择自己感兴趣且有一定研究基础的领域，更容易深入研究。
> - **数据可获得性：** 确保能够获取足够的数据支持研究，例如平台数据、用户访谈等。
> - **研究创新性：** 在已有研究基础上，寻找新的研究角度或方法，提升研究价值。
>
> 希望以上思路能够帮助你细化选题，祝你研究顺利!

图5.1-7

第 5 步 优化选题

教师可以让 AI 工具对自己已经设想出的选题提供优化建议，如图 5.1-8 所示。

> 我设想了两个选题，分别是"春节文化网络营销的创新与实践"和"社交媒体在春节文化传播中的作用与效果分析"，请帮我对这两个选题进行优化。

选题优化建议

你的两个选题都聚焦于春节文化在数字时代的传播，但侧重点不同。以下是对这两个选题的优化建议：

1. 春节文化网络营销的创新与实践

- **优化方向一：聚焦特定平台或案例**
  - "抖音平台春节文化营销的创新策略研究——以'#过年dou来晦'为例"
  - "新媒体环境下老字号品牌的春节文化营销策略研究——以北京稻香村为例"
- **优化方向二：聚焦特定营销手段或目标群体**
  - "基于用户生成内容（UGC）的春节文化营销策略研究"
  - "针对Z世代的春节文化网络营销策略研究"
- **优化方向三：结合数据分析评估营销效果**
  - "春节文化网络营销的效果评估研究——基于微博数据的分析"

2. 社交媒体在春节文化传播中的作用与效果分析

- **优化方向一：聚焦特定社交媒体平台**
  - "微信红包对春节文化传播的影响研究"
  - "B站跨年晚会中的春节文化元素传播研究"
- **优化方向二：聚焦特定文化符号或传播内容**
  - "社交媒体中春节'年味'的建构与传播研究"
  - "短视频平台中春节民俗文化的传播策略研究"
- **优化方向三：结合理论框架进行深入分析**
  - "基于仪式传播理论的春节文化社交媒体传播研究"
  - "社交媒体平台春节文化传播的受众参与机制研究"

优化建议：

- **明确研究对象和范围：** 例如，是研究所有社交媒体平台还是特定平台？是研究所有春节文化内容还是特定文化符号？
- **突出研究问题和创新点：** 例如，是研究新的传播现象、提出新的理论解释，还是采用新的研究方法？
- **结合案例和数据分析：** 例如，选择典型的社交媒体营销案例进行分析，或利用社交媒体数据进行定量分析。

最终选择哪个选题，取决于你的研究兴趣、研究基础和数据可获得性等因素。

以下是一些额外的优化建议：

- **关注最新趋势：** 例如，元宇宙、虚拟现实等新技术对春节文化传播的影响。
- **注重跨文化比较：** 例如，比较中国春节与其他国家传统节日在社交媒体上的传播差异。
- **强调实践意义：** 例如，为政府部门、文化机构、企业等提供春节文化传播的策略建议。

希望以上建议能够帮助你优化选题，祝你研究顺利！

图5.1-8

Tips

通过 AI 工具来辅助确定选题的方法同样也适用于学术论文写作，教师只需要根据实际情况适当调整提示词即可。

5.2
梳理研究背景

·AI教育导师
·智能导读
·知识梳理
·视频跟学
扫码解锁

AI 工具：智谱清言

在进行课题申报时，梳理研究背景是至关重要的一步。清晰且深入的研究背景不仅能够帮助研究人员更好地定位自己的研究方向和目标，还能够让评审者对整个项目有一个全面而深刻的理解。AI 工具的信息整合能力和分析能力可以帮助教师在课题申报时梳理研究背景，让其条理分明、易于理解。

操作步骤　　智谱清言可以帮助教师对选题的研究背景进行分析和梳理，并给出专业且流畅的表达。

第 1 步　开始提问

进入智谱清言首页，在对话框中输入提示词，让 AI 工具对选题的研究背景进行梳理，然后单击右侧箭头按钮或者按 Enter 键发送，如图 5.2-1 所示。

> 我在进行课题申报，我的选题是"抖音短视频在中国春节期间的文化传播力及其社会影响研究"，请为我写出这个课题的研究背景。
>
> ⊗ 推理　🖋 沉思　⊕ 联网　　　　　　　　　🖉　✈

图5.2-1

第 2 步　查看研究背景

随后，可以看到 AI 工具撰写的研究背景，如图 5.2-2 ～ 图 5.2-4 所示。

> ⊙ **ChatGLM** AI
>
> 研究背景：
>
> 随着互联网技术的飞速发展，短视频平台已成为人们日常生活中不可或缺的一部分。抖音作为国内领先的短视频平台，凭借其强大的用户基础和传播力，对我国的文化传播产生了深远影响。特别是在中国传统节日——春节期间，抖音短视频的文化传播力及其社会影响愈发凸显。以下是对本课题研究背景的阐述：

图5.2-2

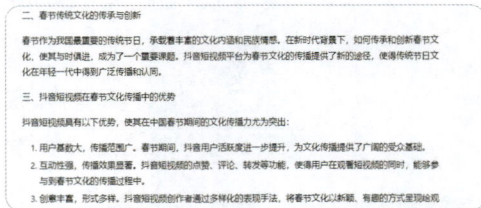
图5.2-3

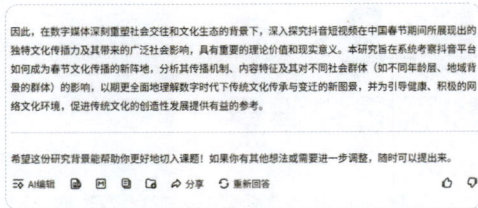
图5.2-4

第3步 AI 编辑

单击生成结果下方的"AI 编辑"按钮，可以进入 AI 编辑页面，如图 5.2-5 所示。

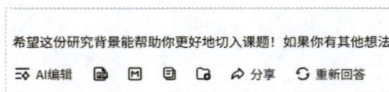
图5.2-5

在左侧页面中选中想要编辑的文本内容，如图 5.2-6 所示。

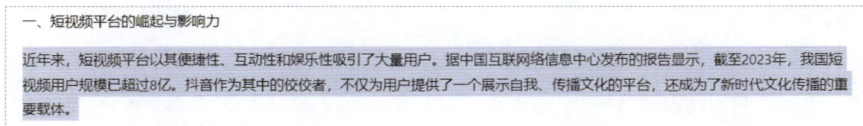
图5.2-6

随后，可以在右侧的编辑面板中对选中的文本进行扩写、缩写、总结、翻译等，如图 5.2-7 所示。

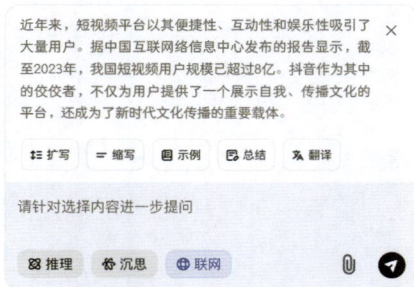
图5.2-7

编辑完成后，单击"替换"按钮可以用编辑后的文本替换原文本，如图 5.2-8 所示。

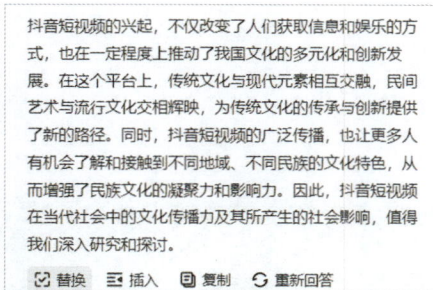

抖音短视频的兴起，不仅改变了人们获取信息和娱乐的方式，也在一定程度上推动了我国文化的多元化和创新发展。在这个平台上，传统文化与现代元素相互交融，民间艺术与流行文化交相辉映，为传统文化的传承与创新提供了新的路径。同时，抖音短视频的广泛传播，也让更多人有机会了解和接触到不同地域、不同民族的文化特色，从而增强了民族文化的凝聚力和影响力。因此，抖音短视频在当代社会中的文化传播力及其所产生的社会影响，值得我们深入研究和探讨。

☑ 替换　▤ 插入　▣ 复制　↻ 重新回答

图5.2-8

Tips

单击编辑页面右上角的"导出"按钮，可以将生成的文本内容以 PDF 格式导出，如图 5.2-9 所示。

⬆ 导出

📄 本地PDF文档

是 "抖音短视频在中国春节

图5.2-9

第 4 步　**查看选题**

教师也可以直接通过对话的方式对 AI 工具撰写的研究背景的要素或者字数等提出要求，让生成的研究背景更接近自己的需求，如图 5.2-10 所示。

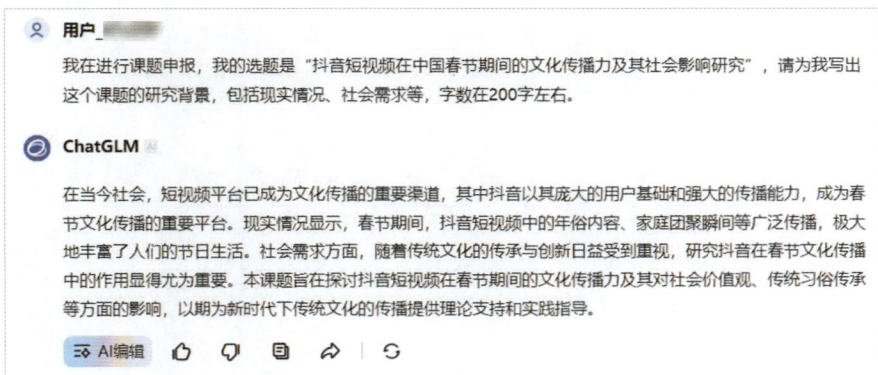

👤 **用户_▓▓▓▓**

我在进行课题申报，我的选题是"抖音短视频在中国春节期间的文化传播力及其社会影响研究"，请为我写出这个课题的研究背景，包括现实情况、社会需求等，字数在200字左右。

🌀 **ChatGLM**

在当今社会，短视频平台已成为文化传播的重要渠道，其中抖音以其庞大的用户基础和强大的传播能力，成为春节文化传播的重要平台。现实情况显示，春节期间，抖音短视频中的年俗内容、家庭团聚瞬间等广泛传播，极大地丰富了人们的节日生活。社会需求方面，随着传统文化的传承与创新日益受到重视，研究抖音在春节文化传播中的作用显得尤为重要。本课题旨在探讨抖音短视频在春节期间的文化传播力及其对社会价值观、传统习俗传承等方面的影响，以期为新时代下传统文化的传播提供理论支持和实践指导。

⇶ AI编辑　👍　👎　▣　↱　｜　↻

图5.2-10

5.3
提炼研究价值

AI 工具：DeepSeek

课题申报的研究价值它不仅能够向评审专家清晰地展示该研究项目的独特贡献和潜在影响，而且有助于增强整个申请材料的说服力。教师借助 AI 工具来分析和提炼课题的研究价值，可以更清晰地表达研究的意义所在，提高课题申报的成功率。

操作步骤　　　DeepSeek 可以帮助教师由浅到深地挖掘选题的研究价值，提升项目的综合影响力。

第 1 步 开始提问

进入 DeepSeek 首页，在对话框中输入提示词，让 AI 工具对选题的研究价值进行分析和提炼，然后单击右侧"发送"按钮或者按 Enter 键发送，如图5.3-1 所示。

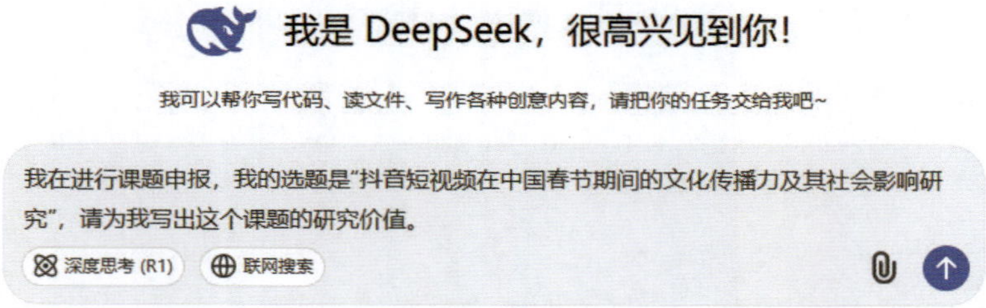

我是 DeepSeek，很高兴见到你！

我可以帮你写代码、读文件、写作各种创意内容，请把你的任务交给我吧~

我在进行课题申报，我的选题是"抖音短视频在中国春节期间的文化传播力及其社会影响研究"，请为我写出这个课题的研究价值。

深度思考 (R1)　　联网搜索

图5.3-1

第 2 步 查看研究价值

随后，可以看到 AI 工具撰写的关于该选题的研究价值，如图 5.3-2 所示。

❤ **抖音短视频在中国春节期间的文化传播力及其社会影响研究：研究价值**

一、理论价值

1. **丰富新媒体时代节日文化传播理论：** 本研究以抖音短视频为切入点，深入探讨新媒体环境下春节文化传播的新模式、新特点和新规律，为构建新媒体时代节日文化传播理论体系提供新的案例和视角。

2. **拓展社交媒体研究的文化维度：** 现有社交媒体研究多集中于信息传播、社会交往等方面，对文化传播的关注相对不足。本研究聚焦抖音短视频的春节文化传播，有助于拓展社交媒体研究的文化维度，深化对社交媒体社会文化影响的理解。

3. **为跨学科研究提供新的思路：** 本研究将传播学、社会学、文化研究等学科理论和方法相结合，探讨抖音短视频春节文化传播的多重面向，为跨学科研究提供新的思路和方法借鉴。

二、实践价值

1. **为政府部门制定文化政策提供参考：** 本研究通过对抖音短视频春节文化传播内容、形式和效果的深入分析，为政府部门制定相关政策，引导新媒体平台更好地传播传统文化、弘扬时代精神提供参考依据。

2. **为新媒体平台优化内容生产提供借鉴：** 本研究通过对用户春节文化消费行为和偏好的分析，为抖音等新媒体平台优化内容生产、提升传播效果提供数据支撑和策略建议。

3. **为传统文化传承和创新提供新思路：** 本研究关注抖音短视频平台上春节传统文化的创造性转化和创新性发展，为传统文化在新时代的传承和创新提供新的思路和启示。

三、社会价值

1. **增强文化自信，促进文化认同：** 本研究通过展现抖音短视频平台上丰富多彩的春节文化内容，有助于增强人们对中华优秀传统文化的认同感和自豪感，坚定文化自信。

2. **促进社会和谐，凝聚精神力量：** 春节是中华民族最重要的传统节日，承载着团圆、和谐、幸福等美好寓意。本研究关注抖音短视频春节文化传播对社会心态、价值观念的影响，有助于促进社会和谐，凝聚精神力量。

3. **推动文化交流，提升文化软实力：** 抖音短视频作为全球流行的社交媒体平台，是传播中国文化的重要窗口。本研究关注抖音短视频春节文化传播的海外影响，有助于推动文化交流，提升中国文化软实力。

综上所述， "抖音短视频在中国春节期间的文化传播力及其社会影响研究" 具有重要的理论价值、实践价值和社会价值，对于推动新媒体时代节日文化传播研究、引导新媒体平台健康发展、传承和创新中华优秀传统文化具有重要意义。

🔄 ↻ 👍 👎

图5.3-2

第 3 步　细化提问

　　提问时，如果有特定需要提到的角度，可以让提示词更加细致具体，这样生成的回答也更精确，如图 5.3-3 所示。

> 我在进行课题申报，我的选题是"抖音短视频在中国春节期间的文化传播力及其社会影响研究"，请为我写出这个课题的应用价值，包括实践创新、经济效益等方面。

抖音短视频在中国春节期间的文化传播力及其社会影响研究：应用价值

一、实践创新

1. **构建新媒体时代节日文化传播新模式：** 本研究将深入分析抖音短视频平台春节文化传播的机制和规律，探索利用短视频、直播等新媒体形式创新节日文化传播的新模式，为其他传统节日文化传播提供借鉴。

2. **打造沉浸式、互动式春节文化体验：** 本研究将关注抖音短视频平台上用户参与春节文化传播的方式和特点，探索利用AR、VR等技术打造沉浸式、互动式春节文化体验，提升用户参与感和获得感。

3. **推动春节文化IP的打造和运营：** 本研究将分析抖音短视频平台上春节文化内容的传播规律和用户偏好，为打造具有影响力的春节文化IP提供数据支撑和策略建议，推动春节文化产业化发展。

二、经济效益

1. **促进春节文化消费市场繁荣：** 本研究将关注抖音短视频平台对春节文化消费的带动作用，分析短视频营销、直播带货等新模式对春节文化消费市场的影响，为相关企业制定营销策略提供参考，促进春节文化消费市场繁荣。

2. **推动文旅融合发展：** 本研究将关注抖音短视频平台对春节文化旅游的推广作用，分析短视频内容对旅游目的地形象塑造和游客引流的影响，为文旅部门制定营销策略提供参考，推动文旅融合发展。

3. **助力文化创意产业发展：** 本研究将关注抖音短视频平台上春节文化创意内容的传播和影响，分析用户对春节文化创意产品的需求和偏好，为文化创意企业开发新产品、拓展新市场提供参考，助力文化创意产业发展。

三、社会效益

1. **提升春节文化传播的广度和深度：** 本研究将推动抖音短视频平台更加重视春节文化传播，利用平台优势和技术手段，提升春节文化传播的广度和深度，让更多人了解和感受春节文化的魅力。

2. **增强民族文化认同感和凝聚力：** 本研究将促进抖音短视频平台传播积极向上的春节文化内容，弘扬中华优秀传统文化，增强民族文化认同感和凝聚力。

3. **推动春节文化走向世界：** 本研究将关注抖音短视频平台春节文化内容的海外传播，分析其传播效果和影响，为提升春节文化国际影响力提供参考，推动春节文化走向世界。

综上所述， "抖音短视频在中国春节期间的文化传播力及其社会影响研究"具有重要的实践创新价值、经济效益和社会效益，对于推动新媒体时代节日文化传播创新、促进春节文化产业发展、提升民族文化软实力具有重要意义。

图5.3-3

Tips

　　一项课题的研究价值往往需要从多方面考虑，教师可以按上述步骤让 AI
工具不断提炼和总结出选题在各方面的研究价值，然后结合实际情况进行调整
后再使用。

5.4
制定内容大纲

AI 工具：DeepSeek

　　课题申报的内容大纲是整个项目的框架，它能够帮助教师系统地组织和展示研究思路，还能确保整个申报书结构合理、逻辑缜密。良好的大纲还为后续的具体写作提供了明确指导，减少了遗漏重要信息的风险，并使得最终文档显得更加专业和完善。教师可以借助 AI 工具来制定详细且周到的内容大纲，提升课题申报的质量。

操作步骤　　在进行课题申报时，教师可以使用 DeepSeek 来制定清晰且严谨的内容大纲。

第 1 步 开始提问

　　进入 DeepSeek 首页，在对话框中输入提示词，让 AI 工具针对选题撰写内容大纲，然后单击右侧箭头按钮或者按 Enter 键发送，如图 5.4-1 所示。

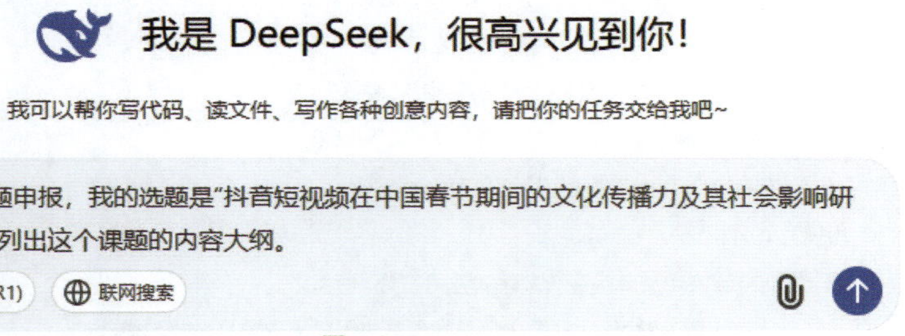

我是 DeepSeek，很高兴见到你！

我可以帮你写代码、读文件、写作各种创意内容，请把你的任务交给我吧~

我在进行课题申报，我的选题是"抖音短视频在中国春节期间的文化传播力及其社会影响研究"，请为我列出这个课题的内容大纲。

深度思考 (R1)　　联网搜索

图5.4-1

第 2 步 查看内容大纲

　　随后，可以看到 AI 工具撰写的关于该选题的内容大纲，如图 5.4-2、图 5.4-3 所示。

抖音短视频在中国春节期间的文化传播力及其社会影响研究

一、 绪论

1. 研究背景与意义

- 简述抖音短视频平台的快速发展及其在文化传播领域的影响力。
- 阐述春节期间作为中国最重要的传统节日，其文化内涵和社会意义。
- 指出研究抖音短视频在春节期间的文化传播力及其社会影响的必要性和现实意义。

2. 文献综述

- 回顾国内外关于短视频平台、文化传播、春节文化等相关领域的研究现状。
- 指出现有研究的不足，并阐述本研究的创新点。

3. 研究问题与研究方法

- 明确本研究拟解决的关键问题，例如：
  - 抖音短视频在春节期间传播了哪些文化内容？
  - 这些文化内容是如何通过抖音短视频进行传播的？
  - 抖音短视频的传播对春节文化和社会产生了哪些影响？
- 介绍本研究将采用的研究方法，例如：
  - 内容分析法：对春节期间抖音热门短视频进行内容分析，提炼出传播的文化主题、表现形式等。
  - 问卷调查法：调查抖音用户春节期间使用抖音的情况、对春节文化的认知和态度等。
  - 深度访谈法：对抖音用户、文化学者、平台运营者等进行深度访谈，了解他们对抖音短视频传播春节文化的看法。

二、 抖音短视频在春节期间的文化传播力

1. 传播内容分析

- 对春节期间抖音热门短视频进行内容分析，提炼出传播的主要文化主题，例如：
  - 春节习俗：贴春联、放鞭炮、吃年夜饭、拜年等。
  - 春节文化符号：红色、生肖、福字、中国结等。
  - 春节情感表达：团圆、亲情、乡愁、祝福等。
- 分析不同文化主题的传播特点和受众接受度。

2. 传播方式分析

- 分析抖音短视频传播春节文化的独特方式，例如：
  - 短视频的碎片化、娱乐化特点如何适应现代人的信息接收习惯。
  - 抖音平台的算法推荐机制如何影响春节文化内容的传播。
  - 用户生成内容（UGC）模式如何促进春节文化的多元表达和互动传播。

3. 传播效果分析

- 分析抖音短视频传播春节文化的效果，例如：
  - 对用户春节文化认知和态度的影响。
  - 对春节文化传承和创新的影响。
  - 对社会文化氛围和价值观的影响。

图5.4-2

三、 抖音短视频传播春节文化的社会影响

1. 积极影响

- 促进春节文化的传承和创新。
- 增强社会凝聚力和文化认同感。
- 推动文化产业发展和经济增长。

2. 消极影响

- 过度娱乐化和商业化可能导致春节文化内涵的流失。
- 算法推荐机制可能造成信息茧房，限制用户接触多元文化。
- 部分低俗、恶搞内容可能对社会文化环境造成负面影响。

四、 结论与建议

1. 研究结论

- 总结抖音短视频在春节期间文化传播力及其社会影响的主要研究发现。

2. 建议

- 对抖音平台、内容创作者、政府相关部门等提出建议，例如：
  - 平台应加强内容审核，引导积极健康的春节文化传播。
  - 创作者应注重文化内涵，创作出更多优质、正能量的春节文化内容。
  - 政府应加强对短视频平台的监管，引导其健康发展，发挥其在文化传播中的积极作用。

五、 参考文献

六、 附录

- 问卷调查表
- 访谈提纲
- 数据分析结果

注： 以上只是一个初步的大纲，具体内容需要根据您的研究方向和实际情况进行调整和完善。

图5.4-3

第 3 步 细化提问

提问时，可以让 AI 工具基于某种研究思路来生成内容大纲，这样所获得的大纲会更加具有针对性，如图 5.4-4、图 5.4-5 所示。

以下是按照问题导向（提出问题—分析问题—解决问题）的研究思路，为您的课题"抖音短视频在中国春节期间的文化传播力及其社会影响研究"设计的内容大纲：

一、研究背景与问题提出

1. 研究背景
- 短视频平台的崛起与抖音在文化传播中的核心地位
- 春节作为中国传统文化的集中展示窗口及其现代转型
- 抖音在春节期间的现象级传播案例（如拜年手势舞、年俗挑战赛等）

2. 问题提出
- **核心问题**：抖音如何重构春节文化的传播模式？其对社会文化生态产生了哪些影响？
- **具体问题**：
  - 抖音短视频如何呈现春节文化？是否存在内容同质化或文化失真现象？
  - 短视频传播对传统春节习俗的传承与创新有何作用？
  - 抖音的算法推荐机制是否放大了某些文化符号，导致文化传播的偏向性？
  - 短视频传播对家庭关系、代际互动、消费行为等社会层面产生了哪些影响？

二、问题分析：抖音春节文化传播的机制与矛盾

1. 传播力的核心机制分析
- **技术逻辑**：短视频的碎片化、视听化特征如何适配春节文化符号（如年味、团圆）的传播？
- **用户参与**：UGC（用户生产内容）模式如何激发大众对春节文化的创造性表达？
- **平台策略**：抖音的流量扶持、话题运营（如#春节、#年夜饭）如何推动文化传播？

2. 文化传播中的矛盾与争议
- 文化传承 vs. 文化解构：传统习俗（如祭祖、守岁）的简化或娱乐化现象
- 情感共鸣 vs. 流量竞争：春节内容的情感价值与商业化倾向的冲突
- 代际差异：年轻用户与中老年用户对春节短视频的接受度差异

3. 社会影响的辩证分析
- 正向影响：促进文化认同、增强家庭互动（如异地家庭通过短视频"云团圆"）
- 负面影响：过度消费主义（如"春节爆款商品"营销）、文化符号的肤浅化传播

三、问题解决：优化路径与治理策略

1. 文化传播内容优化
- 鼓励深度文化内容：联合非遗传承人、文化学者创作兼具知识性与趣味性的春节主题短视频
- 算法优化：平衡流量逻辑与文化价值，避免过度商业化内容挤压传统文化表达

2. 平台责任与社会协作
- 平台治理：建立春节文化内容审核标准，减少低俗化、虚假化内容
- 多方联动：政府、媒体、平台合作发起"春节文化保护计划"，引导正向传播

3. 用户媒介素养提升
- 加强公众对短视频文化传播的批判性认知，避免盲目跟风导致文化意义流失

图5.4-4

○ 倡导家庭场景中短视频的"共创共享"模式（如全家参与拍摄年俗视频）

四、研究方法与可行性

1. 研究方法

○ **内容分析法**：对抖音春节相关热门视频的主题、符号、情感倾向进行量化分析

○ **深度访谈**：采访用户（不同年龄、地域）、内容创作者、平台运营方

○ **问卷调查**：针对短视频使用行为与文化认知展开全国抽样调查

2. 可行性保障

○ 抖音公开数据接口（如巨量算数）提供春节话题的传播数据支持

○ 案例选取覆盖多元群体（如一二线城市与乡村用户的对比）

五、研究价值与创新点

1. 理论价值

○ 探索新媒体时代传统文化传播的"破圈"机制，补充媒介人类学理论。

2. 实践价值

○ 为平台优化文化内容生态、政府制定文化数字化政策提供参考。

3. 创新点

○ 聚焦"春节"这一特定时空场景，揭示短视频文化传播的仪式化特征。

图5.4-5

5.5
查阅参考文献

· AI教育导师
· 智能导读
· 知识梳理
· 视频跟学

扫码解锁

AI 工具：秘塔 AI 搜索

　　无论是进行课题申报还是撰写学术论文，搜索和筛选参考文献都是一个至关重要的步骤。这一过程不仅可以帮助研究者全面了解所研究领域的现状和发展趋势，还能确保他们的工作建立在坚实的理论基础之上。AI 工具可以简化文献搜索与查阅的过程，帮助教师减少手动搜索的时间成本，让教师可以专注于最有价值的信息。

操作步骤

　　秘塔 AI 的学术搜索功能可以根据输入的主题或大纲自动查询相关文献，并快速获取相关的学术文献题录及摘要等信息。

第 1 步 注册与登录

进入秘塔 AI 首页，注册账号并登录，如图 5.5-1 所示。

图5.5-1

第 2 步 学术搜索

　　单击对话框左下角的"全网"按钮，在弹出的选项框里选择"学术"并单击"中文库"按钮，如图 5.5-2 所示。

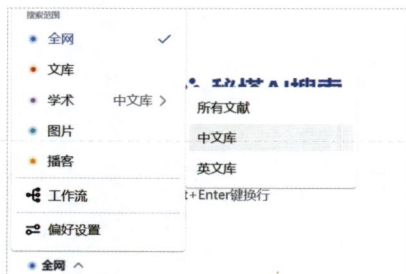

图5.5-2

第 3 步 输入提示词

将对话框下方的搜索模式切换为"研究"模式，在对话框中输入提示词，让 AI 工具为研究课题提供相关的参考文献，然后单击右侧箭头按钮或者按 Enter 键发送，如图 5.5-3 所示。

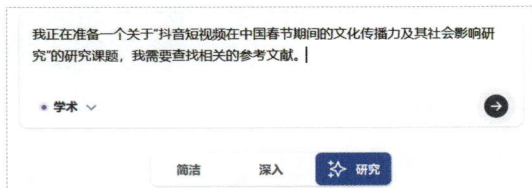

图5.5-3

第 4 步 查看参考文献

随后，可以在跳转的页面中看到 AI 工具推荐的参考文献及介绍，如图 5.5-4 所示。

将鼠标指针移至文献题目旁边的数字标记，可以在弹出的页面中看到该文献的摘要，如图 5.5-5 所示。

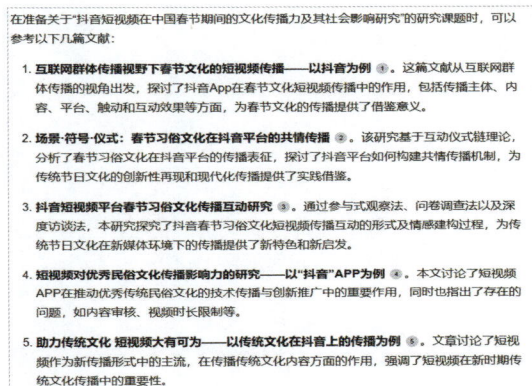

图5.5-4

图5.5-5

单击该数字标记，可以跳转至参考文献所在页面，在该页面中，教师可以根据需求对参考文献进行阅读或者下载，如图 5.5-6 所示。

图5.5-6

第 5 步 查看其他资料

秘塔 AI 的学术搜索功能除了会推荐相关的参考文献，还会根据输入的主题或内容生成相关的问题、回答以及相关事件介绍，并在回答中引用更多的参考文献，教师可以查看这些内容并作为额外的资料补充，如图 5.5-7、图 5.5-8 所示。

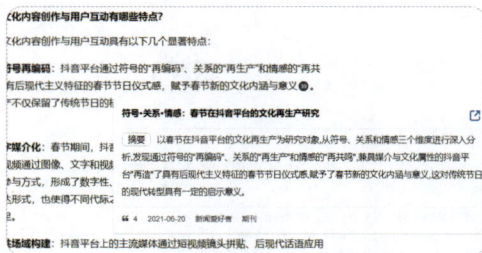

图5.5-7

图5.5-8

Tips

在页面底部会出现所有关于该主题或内容的参考文献链接，点击链接可以跳转到相应的网页，如图 5.5-9 所示。

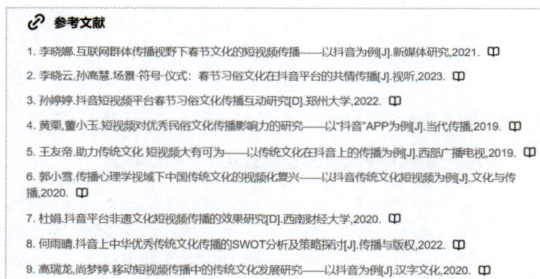

图5.5-9

第 6 步 追问

在查阅资料的过程中，如果还有想要提出的问题，可以单击页面中的"追问"按钮，在对话框中输入问题并发送，随后便能看到 AI 工具针对该问题提供的回答，如图 5.5-10 所示。

图5.5-10

5.6
准备团队资料

AI 工具：豆包

　　在进行课题申报时，研究团队的资料是评审专家评估项目可行性的重要依据之一。结构清晰、内容翔实的研究团队介绍能够增加课题被批准的可能性。在准备研究团队资料时，教师可以让 AI 工具提供一些建议作为参考，AI 工具可以给出逻辑清晰的框架，使得整个文档更加条理化。

操作步骤　　在撰写和准备研究团队资料时，教师让豆包这样的 AI 提供一些撰写、修改建议或者写作模板。

第 1 步　询问建议

　　进入豆包首页，在对话框中输入提示词，让 AI 工具为撰写研究团队资料提供建议，如图 5.6-1 所示。

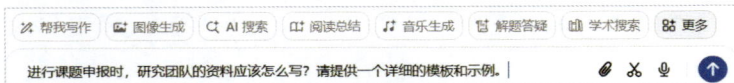

✍ 帮我写作	🖼 图像生成	Q AI 搜索	📖 阅读总结	♫ 音乐生成	🎓 解题答疑	📖 学术搜索	🔲 更多

进行课题申报时，研究团队的资料应该怎么写？请提供一个详细的模板和示例。

图5.6-1

第 2 步　查看示例

　　单击右侧箭头按钮或者按 Enter 键发送，随后，可以看到 AI 给出的详细模版和示例，如图 5.6-2 ～图 5.6-4 所示。

以下是研究团队资料的模板及示例：
一、团队负责人信息
1. 姓名
2. 职称 / 职务
3. 最高学历及专业
4. 主要研究领域及成果

图5.6-2

203

示例：

负责人：张三

职称：教授

最高学历：博士，[专业名称]

主要研究领域及成果：长期致力于 [具体研究领域] 研究。近年来主持了国家自然科学基金项目 "[项目名称]"（项目编号：[具体编号]），起止时间为 [开始时间]-[结束时间]。在《[刊物名称]》上发表了题为 "[论文题目]" 的论文（发表时间：[具体时间]）。曾获得 [奖项名称] 荣誉。

二、团队核心成员信息

1. 姓名
2. 职称 / 职务
3. 最高学历及专业
4. 主要研究领域及成果
   - 参照团队负责人的成果列举方式，突出与本课题相关的研究成果。

图5.6-3

三、团队整体优势

1. 专业结构优势
   - 阐述团队成员在不同专业领域的分布情况，如何形成互补优势以更好地完成课题研究。
2. 年龄结构优势
   - 分析老中青结合的团队在经验传承、创新活力等方面的优势。
3. 合作经验优势
   - 介绍团队成员之前合作的经历及取得的成果，体现团队的协作能力和默契程度。

示例：

本研究团队具有以下优势：

1. 专业结构优势：团队成员涵盖了 [专业一]、[专业二]、[专业三] 等多个专业领域，能够从不同角度对课题进行深入研究，实现多学科交叉融合，为课题研究提供全面的专业支持。
2. 年龄结构优势：团队既有经验丰富的资深教授，又有年富力强的中青年骨干教师，老中青结合，既保证了研究的深度和广度，又充满创新活力。
3. 合作经验优势：团队成员曾多次合作开展课题研究，在以往的合作中积累了丰富的经验，形成了良好的协作机制和默契。例如，在 [具体课题名称] 的研究中，团队成员分工明确、配合紧密，取得了显著的研究成果。

图5.6-4

第3步 **查看更多建议**

单击生成结果下方的提示词模板，可以让 AI 工具提供更多的建议，如图 5.6-5、图 5.6-6 所示。

在研究团队资料中加入团队优势的介绍 →

提供一些撰写研究团队资料的注意事项 →

如何快速组建一支优秀的研究团队？ →

图5.6-5

提供一些撰写研究团队资料的注意事项

以下是撰写研究团队资料时需要注意的事项：

一、信息准确性

1. 核实成员信息
   - 仔细核对每个团队成员的姓名、职称、职务、学历等基本信息，确保没有拼写错误或信息不实的情况。任何一个小的错误都可能影响评审人员对团队的整体印象。
   - 对于学历和专业，要按照学历证书和专业实际名称填写，例如 "工学博士，机械工程专业"，表述要规范、精确。

图5.6-6

第 4 步　查看范本

如果想要查看详细的范本资料，也可以让 AI 工具生成，如图 5.6-7 所示。

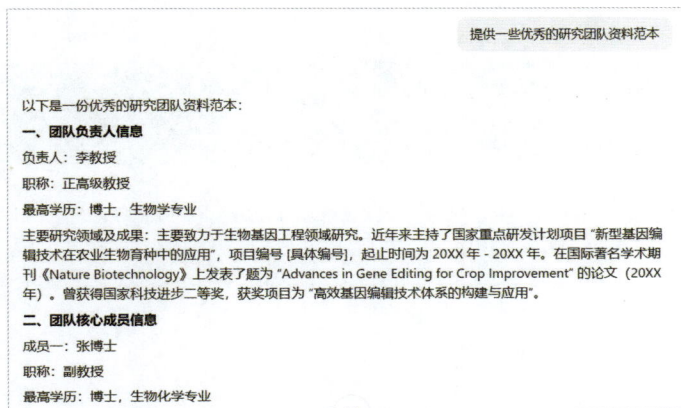

> 提供一些优秀的研究团队资料范本
>
> 以下是一份优秀的研究团队资料范本：
>
> **一、团队负责人信息**
>
> **负责人：李教授**
>
> **职称：正高级教授**
>
> **最高学历：博士，生物学专业**
>
> **主要研究领域及成果：**主要致力于生物基因工程领域研究。近年来主持了国家重点研发计划项目 "新型基因编辑技术在农业生物育种中的应用"，项目编号 [具体编号]，起止时间为 20XX 年 - 20XX 年。在国际著名学术期刊《Nature Biotechnology》上发表了题为 "Advances in Gene Editing for Crop Improvement" 的论文（20XX 年）。曾获得国家科技进步二等奖，获奖项目为 "高效基因编辑技术体系的构建与应用"。
>
> **二、团队核心成员信息**
>
> **成员一：张博士**
>
> **职称：副教授**
>
> **最高学历：博士，生物化学专业**

图5.6-7

第 5 步　修改资料

教师也可以让 AI 工具为已经准备好的团队资料提出修改建议。单击 📎 按钮，上传写好的团队资料文档，在对话框中输入提示词并发送，如图 5.6-8 所示。

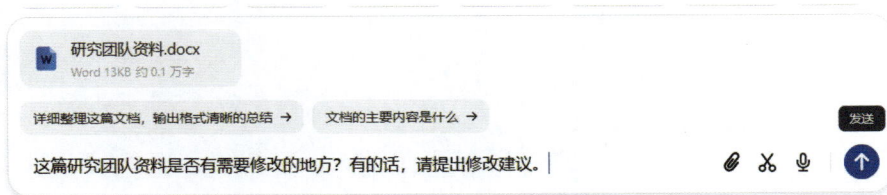

> 📄 **研究团队资料.docx**
> Word 13KB 约 0.1 万字
>
> 详细整理这篇文档，输出格式清晰的总结 →　　文档的主要内容是什么 →　　　发送
>
> 这篇研究团队资料是否有需要修改的地方？有的话，请提出修改建议。｜　　📎 ✂ 🎤 ⬆

图5.6-8

随后，可以看到 AI 工具给出的建议，如图 5.6-9 所示。

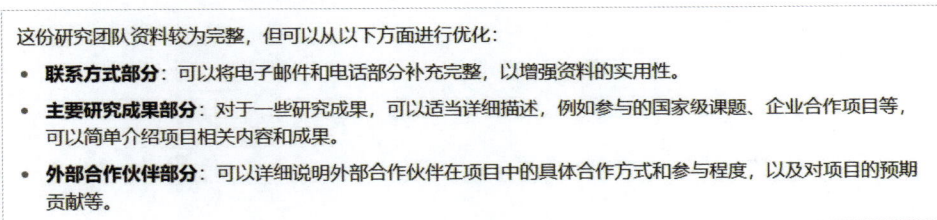

> 这份研究团队资料较为完整，但可以从以下方面进行优化：
>
> - **联系方式部分：**可以将电子邮件和电话部分补充完整，以增强资料的实用性。
> - **主要研究成果部分：**对于一些研究成果，可以适当详细描述，例如参与的国家级课题、企业合作项目等，可以简单介绍项目相关内容和成果。
> - **外部合作伙伴部分：**可以详细说明外部合作伙伴在项目中的具体合作方式和参与程度，以及对项目的预期贡献等。

图5.6-9

5.7
进行论文润色

AI 工具：智谱清言 + 豆包

　　因为职称评定需求、教学工作考核或者课题研究等原因，教师有时候需要撰写学术论文。在写作过程中，AI 工具可以为教师提供多方面的帮助。论文完成后，教师可以让 AI 工具来进行论文初稿的润色，在保持原意的情况下，提升论文的整体质量。

操作步骤　　智谱清言和豆包可以帮助教师进行论文润色，提高文章的专业性和可读性。

第 1 步　检查校对

　　进入智谱清言首页，单击 📎 按钮，然后单击"本地文件选择"按钮，如图 5.7-1 所示。

图5.7-1

　　上传文件，在对话框中输入提示词，让 AI 工具对这部分论文节选的文本进行检查和校对，然后单击右侧箭头按钮或者按 Enter 键发送，如图 5.7-2 所示。

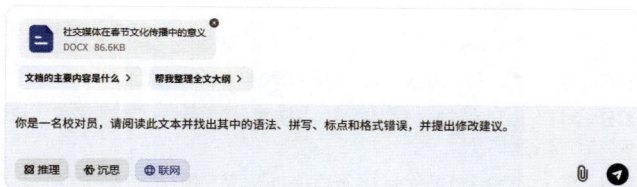

图5.7-2

　　随后，可以看到 AI 工具给出的修改建议和修改后的文本示例，如图 5.7-3、图 5.7-4 所示。

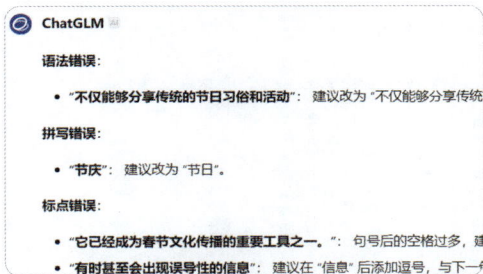

图5.7-3

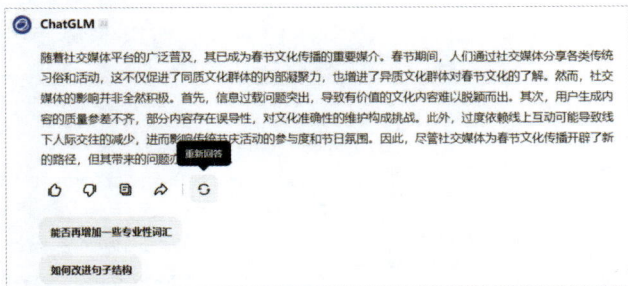

图5.7-4

第 2 步 优化表达

在对话框中粘贴一段需要优化的文本，输入提示词并发送，让 AI 工具对这段文本的表达方式进行优化，如图 5.7-5 所示。

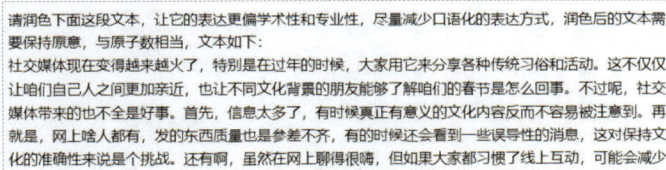

图5.7-5

随后，可以看到 AI 工具优化过后的文本，如图 5.7-6 所示。

图5.7-6

Tips

如果对优化的结果不够满意，可以单击"重新回答"按钮，让 AI 工具重新润色。同时，还可以单击生成结果下方的其他提示词模板来继续进行调整和优化。

第 3 步 深层次润色

在对话框中粘贴一段需要进行深层次润色的文本，输入提示词并发送，让

AI 工具在保持原意的情况下，对文本进行大幅改动，如图 5.7-7 所示。

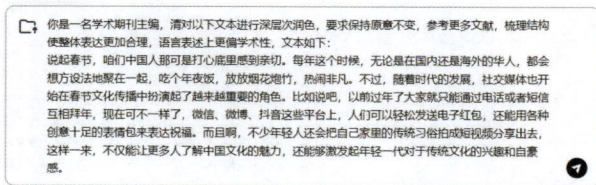

图5.7-7

随后，可以看到 AI 工具深层次润色过后的文本，如图 5.7-8 所示。

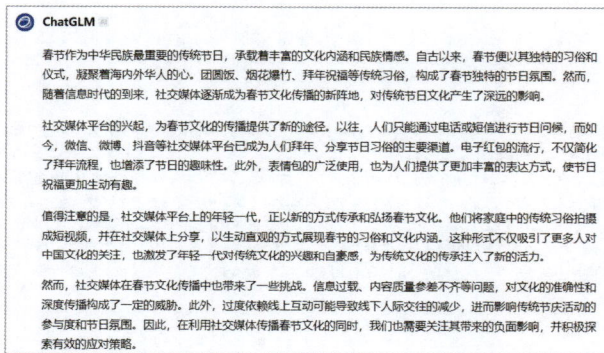

图5.7-8

如果想要了解文本中学术引用的出处和来源，可以继续通过对话的形式让 AI 工具进行标注，如图 5.7-9、图 5.7-10 所示。

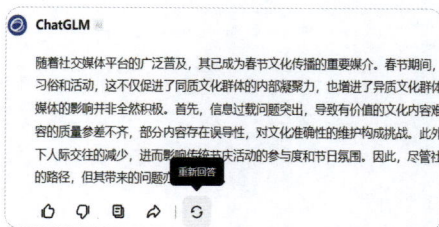

图5.7-9

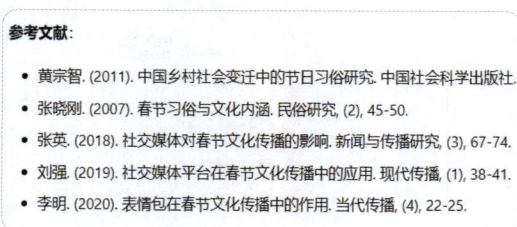

图5.7-10

第 4 步　使用润色工具

除了通过对话指令来让 AI 工具进行润色之外，还可以使用一些专门的润色工具来为论文润色。进入豆包首页，单击"帮我写作"按钮，如图 5.7-11 所示。

图5.7-11

　　然后单击"润色"按钮，在对话框中输入或粘贴需要进行润色的文本并发送，如图 5.7-12 所示。

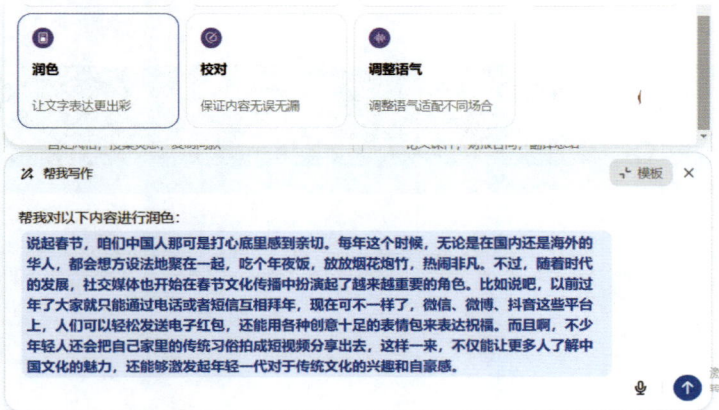

图5.7-12

　　随后可以看到 AI 工具润色过后的文本，如图 5.7-13 所示。

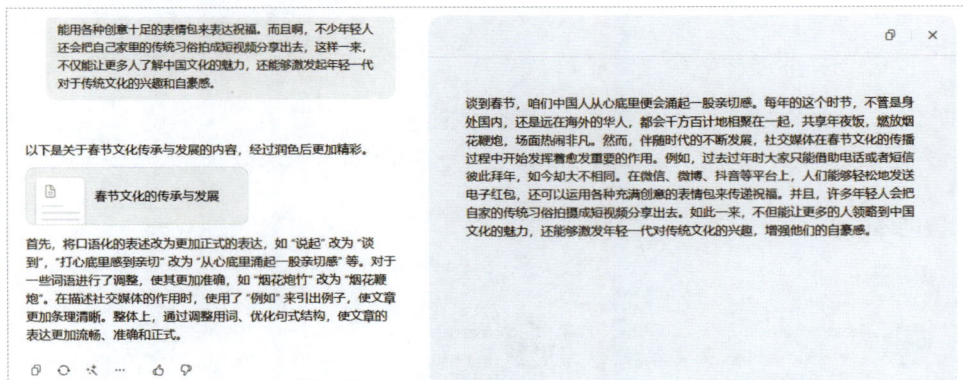

图5.7-13

Tips

　　教师也可以用同样的方法来对论文内容进行校对或者调整语气等操作。

5.8
辅助论文降重

AI 工具：智谱清言

　　为了保证学术论文的原创性与专业性，通常需要降低论文的重复率，注重论文降重也有助于维护学术诚信，并为个人及所在机构赢得良好口碑。教师可以借助 AI 工具来辅助降重，AI 工具可以针对需要降重的文本给出具体的修改建议，如替换词汇、重组句子结构等，帮助作者更好地表达原意的同时降低重复率。

操作步骤

　　教师可以借助智谱清言的智能体来对论文中重复的文字进行修改，同时去除 AI 痕迹。

第 1 步　选择智能体

　　进入智谱清言的智能体中心，在搜索框中输入"降重"关键词，然后单击"最强论文降重 / 降 AI"智能体，如图 5.8-1 所示。

智能体中心

Q 降重

"降重"的搜索结果

最强论文降重/降AI
全面专业的降重工具，改写重复内容和AI生成的内容，有效降低论文查重率和AI率。
🔥 26.1w　来自：旧时光旅客

智慧降重侠
有效降低各大平台的查重率，确保新文本与原文本没有连续6个字是相同的！
🔥 4.73w　来自：旧时光旅客

论文降重大师
帮你高效降重论文，
🔥 3491

图5.8-1

　　随后，可以在页面中看到关于该智能体的介绍和使用方法，如图 5.8-2 所示。

图5.8-2

第 2 步　输入内容

在对话框中输入或者粘贴需要降重的文本，然后单击右侧箭头按钮或者按Enter 键进行发送，如图 5.8-3 所示。

图5.8-3

第 3 步　查看降重结果

随后，可以看到降重以后的文本，如图 5.8-4 所示。

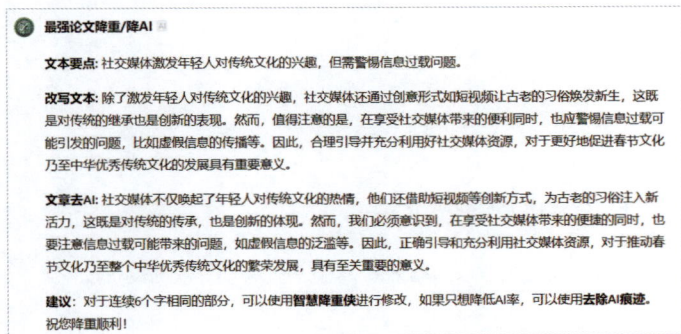

图5.8-4

第 4 步　使用指令降重

除了使用智能体来降重，教师也可以直接通过对话的方式，使用指令来让AI 工具辅助降重。在智谱清言首页的对话框中输入提示词并发送，随后，可以看到降重后的结果，如图 5.8-5、图 5.8-6 所示。

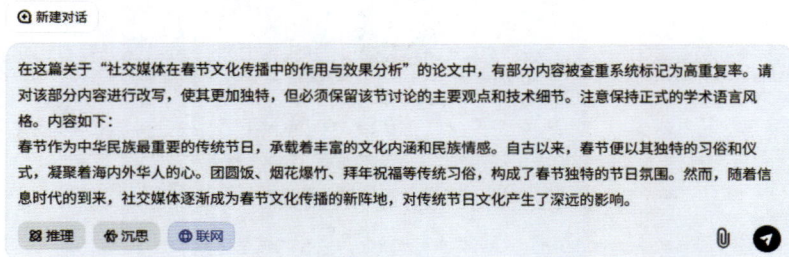

图5.8-5

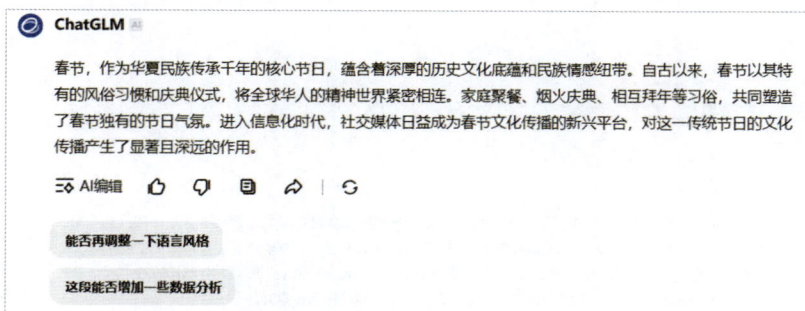

图5.8-6

Tips

在使用指令降重时，如果不知道如何撰写正确的提示词，可以向 AI 工具进行询问，让它提供一些撰写提示词的建议，如图 5.8-7 所示。

虽然 AI 工具能为论文降重提供强有力的支持，但它不能完全替代人的判断力和创造力，使用者依然应保持警惕，确保其不会被误用导致违背学术诚信原则。

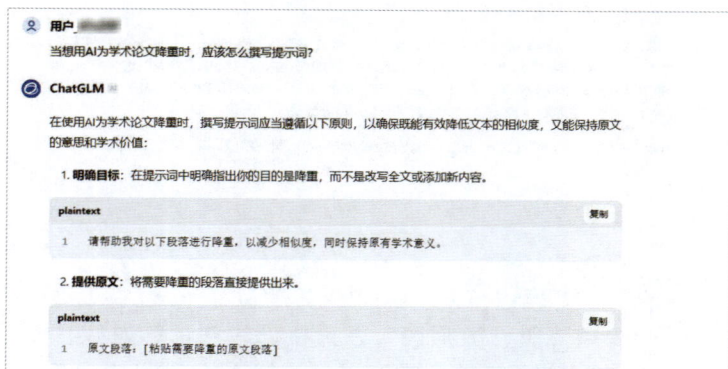

图5.8-7

5.9
项目进度管理

AI 工具：豆包

　　无论是在日常课堂教学还是特定的教育项目中，教师都应该及时做好时间规划与项目进度管理。良好的项目进度管理可以帮助教师更有效地规划和执行他们的工作，确保按时完成目标，并且保证高质量的教学成果。AI 工具可以在多个层面上协助教师更好地管理项目进度，提升整体的教学质量和工作效率。

操作步骤　　豆包可以担任教师的项目管理助手，利用表格来帮助教师清晰地管理和协调多个项目，同时提供及时的支持和建议。

第 1 步 输入提示词

　　进入豆包首页，在对话框中输入提示词，让 AI 工具根据项目信息制定一张项目进度表并设定项目的优先级，然后单击右侧箭头按钮或者按 Enter 键发送，如图 5.9-1 所示。

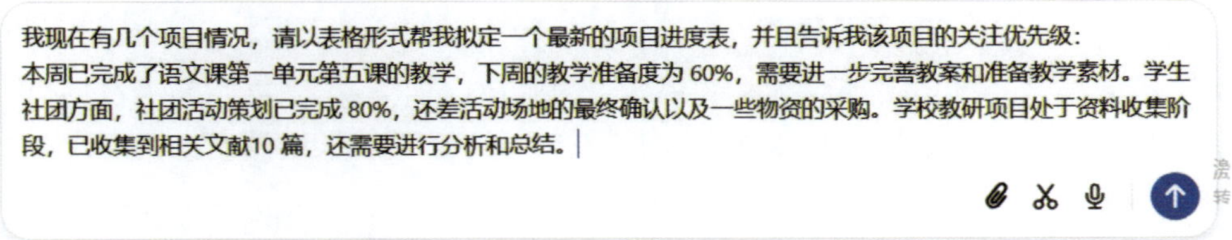

> 我现在有几个项目情况，请以表格形式帮我拟定一个最新的项目进度表，并且告诉我该项目的关注优先级：
> 本周已完成了语文课第一单元第五课的教学，下周的教学准备度为 60%，需要进一步完善教案和准备教学素材。学生社团方面，社团活动策划已完成 80%，还差活动场地的最终确认以及一些物资的采购。学校教研项目处于资料收集阶段，已收集到相关文献10 篇，还需要进行分析和总结。

图5.9-1

第 2 步 查看进度表

　　随后，可以看到 AI 工具生成的进度表以及优先级分析，如图 5.9-2 所示。

项目进度		下一步计划	关注优先级
	本周完成第一单元第五课教学，下周教学准备度 60%	完善教案、准备教学素材	高
	活动策划完成 80%	确认活动场地、采购物资	中
目	资料收集阶段，已收集 10 篇文献	分析和总结文献	低

关注优先级说明：

- 语文教学的优先级高，因为教学活动直接关系到学生的日常学习和成绩提升，且时间较为紧迫，下周就要进行教学。
- 学生社团活动的优先级为中，虽然也有一定的时间要求，但相对教学活动来说，紧迫性稍低。
- 学校教研项目的优先级低，目前处于资料收集后的分析总结阶段，没有严格的时间限制，且对日常教学和学生活动的影响相对较小。

图5.9-2

第 3 步 查看行动建议

AI 工具除了能根据项目信息给出优先级判定，还能提供行动建议。在对话框中输入提示词并发送，让 AI 工具根据项目优先级提供一些行动建议，如图5.9-3、图 5.9-4 所示。

根据项目当前的进展和优先级判定，给出接下来的行动建议。

行动建议：

教学目标、教学重难点、教学方法、教学过程等各个环节是否合

等，以增强教学的趣味性和直观性，提高学生的学习积极性和参

图5.9-3

三、学校教研项目

1. 制定详细的文献分析计划，确定分析的重点和方法。

2. 可以将收集到的文献进行分类整理，便于后续的分析和总结。

3. 安排一定的时间定期进行文献分析工作，避免拖延导致项目进度滞后。同论和交流，分享各自的分析结果和见解，共同推进项目进展。

图5.9-4

第 4 步 生成时间管理表

时间规划是项目管理中重要的一环，教师可以让 AI 工具来协助进行项目中的时间管理。在对话框中输入提示词并发送，让 AI 工具根据项目主题制定详尽的时间规划，如图 5.9-5 所示。

请帮我制定一份今晚的详尽时间管理表格，我需要完成3个任务：1.批改试卷，需要2小时左右；2.备课，大约40分钟；3.线上视频会议，大约半小时。

事项	开始时间	结束时间	时长	备注
批改试卷	19:00	21:00	2 小时	专注批改，可适当休息几分钟缓解眼睛疲劳
备课	21:00	21:40	40 分钟	结合教学进度和学生情况认真准备
线上视频会议	21:40	22:10	30 分钟	提前准备好相关资料，准时参加会议

图5.9-5

5.10
职业发展规划

· AI教育导师
· 智能导读
· 知识梳理
· 视频跟学
扫码解锁

AI 工具：文心智能体平台

　　一个清晰的职业规划能够帮助教师明确自己的长期目标和短期目标，从而更有针对性地提升自身的专业素养和教学技能。教师可以向 AI 工具征询一些关于自身职业规划的建议，从而设定具体的职业发展目标，让自己更有动力地投入到持续的专业发展中，无论是参加进修课程、学术研讨会，还是参与教育研究项目，这些都能使教师不断更新教育理念，掌握最新的教学方法和技术。

操作步骤　　文心智能体平台的智能体可以为教师提供关于职业发展规划的相关建议。

第 1 步　注册与登录

　　进入文心智能体平台首页，注册账号与登录，如图 5.10-1 所示。

图5.10-1

第 2 步　选择智能体

　　在搜索框中输入"职业规划"关键词，按 Enter 键进行搜索，然后单击"职业规划"智能体，如图 5.10-2 所示。

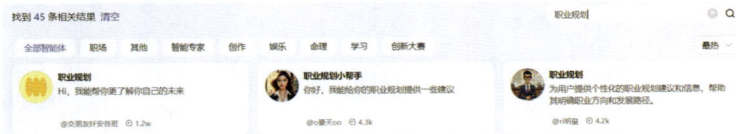

图5.10-2

215

第 3 步 明确职业身份

在对话框中输入提示词，告诉 AI 工具自己的职业身份，然后单击右侧"发送"按钮或者按 Enter 键发送，如图 5.10-3 所示。

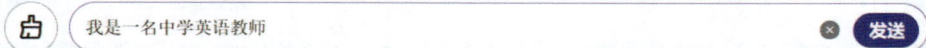

图5.10-3

第 4 步 查看建议

随后，可以看到 AI 工具根据职业身份信息给出的发展规划建议，如图 5.10-4、图 5.10-5 所示。

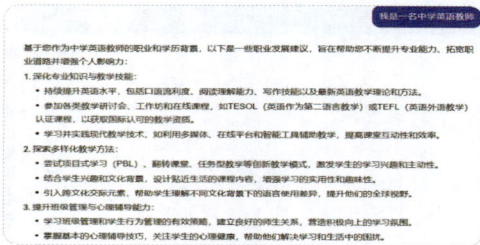

图5.10-4

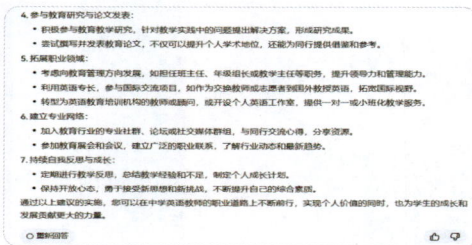

图5.10-5

第 5 步 询问其他建议

在对话框中输入新的提示词并发送，继续向 AI 工具询问其他方面的职业规划建议，如图 5.10-6、图 5.10-7 所示。

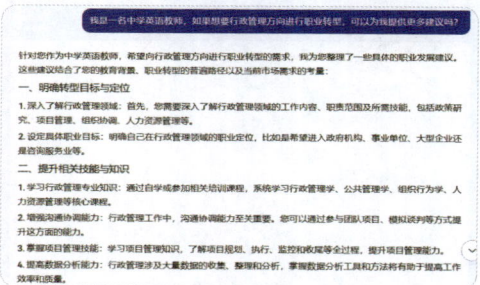

图5.10-6

图5.10-7

5.11
推荐培训课程

AI 工具：DeepSeek

　　为了提升自身的专业技能和教学能力，教师需要定期参加各种培训课程。通过参加培训课程，教师可以学习最新的教育理论、教学策略以及如何有效利用现代技术（如智能教室、在线学习平台等），从而保持自己的教学与时俱进。AI 工具可以为教师推荐一些合适的培训课程，提升教师的学习体验和专业发展。

操作步骤　　　DeepSeek 可以根据教师的个人背景、专业领域、教学经验以及职业发展目标等，提供个性化的培训课程推荐。

第 1 步　输入提示词

　　进入 DeepSeek 首页，在对话框中输入提示词，让 AI 工具推荐培训课程，如图 5.11-1 所示。

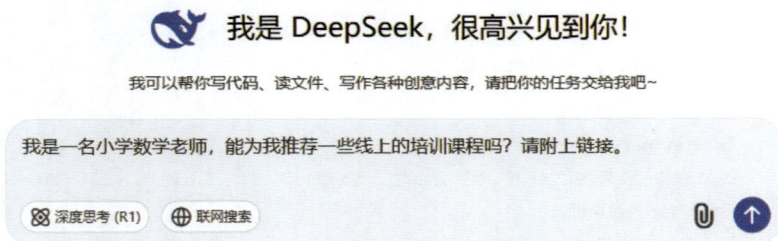

> **我是 DeepSeek，很高兴见到你！**
>
> 我可以帮你写代码、读文件、写作各种创意内容，请把你的任务交给我吧~
>
> 我是一名小学数学老师，能为我推荐一些线上的培训课程吗？请附上链接。
>
> ⊗ 深度思考 (R1)　　⊕ 联网搜索　　　　　　　　　　　🔗 ↑

图5.11-1

第 2 步　查看推荐

　　随后，可以看到 AI 工具推荐的培训课程链接，如图 5.11-2、图 5.11-3 所示。

当然可以！以下是一些适合小学数学教师的线上培训课程推荐，涵盖教学技巧、课程设计、教育技术应用等方面：

1. Coursera：小学数学教学法

- **平台**: Coursera
- **课程名称**: Teaching Math to Young Learners
- **简介**: 该课程专注于如何有效地向小学生教授数学，涵盖教学策略、课堂活动设计以及如何激发学生的数学兴趣。
- **适合人群**: 小学数学教师、教育工作者。
- **语言**: 英语（部分课程有中文字幕）。

2. edX：数学教育理论与实践

- **平台**: edX
- **课程名称**: Teaching Primary Math
- **简介**: 由知名大学提供的课程，内容涵盖数学教学的理论基础和实践技巧，适合希望提升教学能力的教师。
- **适合人群**: 小学数学教师、教育研究者。
- **语言**: 英语。

3. 中国大学MOOC（慕课）：小学数学教学设计与实施

- **平台**: 中国大学MOOC
- **课程名称**: 小学数学教学设计与实施
- **简介**: 由国内知名师范大学提供的课程，内容贴近中国小学数学教学实际，涵盖教学设计、课堂管理、学生评价等。
- **适合人群**: 中国小学数学教师。
- **语言**: 中文。

4. Khan Academy：数学教学资源

- **平台**: Khan Academy
- **课程名称**: Math Teaching Resources
- **简介**: 提供丰富的数学教学资源，包括视频课程、练习题和教学建议，适合教师自学或用于课堂教学。
- **适合人群**: 全球数学教师。
- **语言**: 英语（部分内容有中文翻译）。

5. 好未来（学而思）教师培训

- **平台**: 好未来教师学院
- **课程名称**: 小学数学教师培训课程
- **简介**: 专注于中国小学数学教学的培训课程，内容涵盖教学技巧、学生心理、课堂互动等。

图5.11-2

- **适合人群**: 中国小学数学教师。
- **语言**: 中文。

6. Udemy: 小学数学教学技巧

- **平台**: Udemy
- **课程名称**: Teaching Math: Strategies for Elementary Teachers
- **简介**: 提供实用的教学技巧和课堂活动设计，帮助教师提升教学效果。
- **适合人群**: 全球小学数学教师。
- **语言**: 英语。

7. 教育部中小学教师继续教育网

- **平台**: 教育部中小学教师继续教育网
- **课程名称**: 小学数学教师培训
- **简介**: 提供官方认证的教师培训课程，内容涵盖新课标解读、教学设计与实施等。
- **适合人群**: 中国小学数学教师。
- **语言**: 中文。

希望这些课程能帮助你提升教学能力！如果需要更多资源或具体建议，可以随时告诉我 😊。

图5.11-3

第 3 步　推荐其他课程

在对话框中输入更加具体的提示词并发送，让 AI 工具推荐相关课程，如图 5.11-4 ~ 图 5.11-6 所示。

我需要以下类型的培训课程：教育技术、课程内容应侧重于信息技术在数学教学中的应用。

深度思考 (R1)　联网搜索

图5.11-4

明白了！以下是一些专注于**教育技术和信息技术在数学教学中应用**的线上培训课程推荐，适合小学数学教师：

1. Coursera：技术与数学教学整合

- **平台**: Coursera
- **课程名称**: Technology Integration in Mathematics Education
- **简介**: 该课程探讨如何将技术工具（如几何画板、编程工具、在线评估平台等）融入数学教学，提升课堂互动性和学生参与度。
- **适合人群**: 小学数学教师、教育技术爱好者。
- **语言**: 英语（部分课程有中文字幕）。

2. edX：数学教学中的数字工具

- **平台**: edX
- **课程名称**: Digital Tools for Mathematics Teaching
- **简介**: 由知名大学提供的课程，重点介绍如何利用数字工具（如GeoGebra、Desmos、Scratch等）设计数学教学活动。
- **适合人群**: 小学数学教师、教育技术研究者。
- **语言**: 英语。

3. 中国大学MOOC（慕课）：信息技术与数学教学融合

- **平台**: 中国大学MOOC
- **课程名称**: 信息技术与小学数学教学融合
- **简介**: 该课程结合中国小学数学教学实际，介绍如何利用信息技术（如智能白板、在线学习平台、数学软件等）优化教学设计和课堂实施。
- **适合人群**: 中国小学数学教师。
- **语言**: 中文。

4. Khan Academy：数学教学中的技术应用

- **平台**: Khan Academy
- **课程名称**: Using Technology in Math Education
- **简介**: 提供丰富的教学资源和工具，帮助教师利用技术手段（如数据分析、互动练习、虚拟实验等）提升数学教学效果。
- **适合人群**: 全球数学教师。
- **语言**: 英语（部分内容有中文翻译）。

5. Udemy：数学教学中的教育技术工具

- **平台**: Udemy
- **课程名称**: Educational Technology Tools for Math Teachers
- **简介**: 该课程介绍多种教育技术工具（如Kahoot、Quizlet、Google Classroom等），并演示如何将其应用于数学教学中。
- **适合人群**: 全球小学数学教师。
- **语言**: 英语。

图5.11-5

6. 好未来（学而思）教师培训：信息技术与数学教学

- **平台**: 好未来教师学院
- **课程名称**: 信息技术在小学数学教学中的应用
- **简介**: 专注于中国小学数学教学的培训课程，内容涵盖信息技术工具的使用、在线教学平台的操作以及数字化教学资源的开发。
- **适合人群**: 中国小学数学教师。
- **语言**: 中文。

7. FutureLearn：数学教学中的创新技术

- **平台**: FutureLearn
- **课程名称**: Innovative Technology in Mathematics Education
- **简介**: 该课程探讨如何利用创新技术（如虚拟现实、增强现实、编程工具等）设计数学教学活动，激发学生的学习兴趣。
- **适合人群**: 全球数学教师。
- **语言**: 英语。

8. 教育部中小学教师继续教育网：信息技术与数学教学

- **平台**: 教育部中小学教师继续教育网
- **课程名称**: 信息技术在小学数学教学中的应用
- **简介**: 提供官方认证的教师培训课程，内容涵盖信息技术工具的使用、数字化教学资源的开发以及在线教学的实施。
- **适合人群**: 中国小学数学教师。
- **语言**: 中文。

9. Google for Education：数学教学中的技术工具

- **平台**: Google for Education
- **课程名称**: Using Google Tools for Math Teaching
- **简介**: 该课程介绍如何利用Google Classroom、Google Sheets、Google Forms等工具设计数学教学活动，提升课堂效率。
- **适合人群**: 全球数学教师。
- **语言**: 英语。

图5.11-6

Tips

　　让 AI 工具推荐培训课程时，可以在提示词中加入与个人背景、专业领域、教学经验等有关的信息，以确保 AI 工具提供的资源更加全面且有针对性。

5.12
自我心理调节

关注自身的心理健康、学会自我心理调节对于教师个人和学生都有着深远的影响。在充满挑战的教育环境中，教师经常面临着来自教学、管理以及与学生、家长沟通等多方面的压力。通过掌握有效的心理调适技巧，教师能够更好地应对这些挑战。教师可以借助 AI 工具来管理自己的情绪状态，通过对话获得即时反馈和个性化的建议。

操作步骤　　　通义千问的智能体可以作为情绪支持聊天机器人与教师进行对话，帮助教师进行心理调节并给出一定的建议。

第 1 步　选择智能体

进入通义千问的"发现智能体"页面，在搜索框中输入"心理"关键词，然后单击"心理陪伴 AI"智能体，如图 5.12-1 所示。

图5.12-1

第 2 步　开始对话

在对话框中输入提示词并发送，和 AI 工具进行对话，如图 5.12-2 所示。

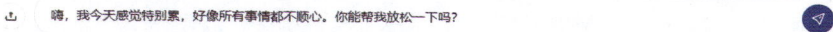

嗨，我今天感觉特别累，好像所有事情都不顺心。你能帮我放松一下吗？

图5.12-2

随后，可以看到 AI 工具给出的回复，按此方式继续和 AI 进行对话，并查看 AI 给出的建议，如图 5.12-3 所示。

嗨，我今天感觉特别累，好像所有事情都不顺心。你能帮我放松一下吗？

当然可以，我在这里就是为了帮助您。😊让我们先深呼吸，慢慢吸气，再慢慢呼出。您觉得怎么样？有没有稍微轻松一些？

好的，我试着做了几下，确实感觉好一点了。谢谢！

不用谢，我很高兴能帮到您。😊如果您愿意，可以告诉我今天发生了什么让您感到不顺心的事情吗？有时候，把事情说出来会让人感觉更好哦。

最近班级里有几个学生表现不太好，我花了很多时间跟他们沟通，但似乎没有什么进展。而且，我还得准备下周的教学计划。这些加起来让我觉得有点力不从心。

听起来您最近真的很忙，压力也很大。😊班级管理确实是一项挑战，尤其是当您希望每个学生都能进步的时候。您在准备教学计划时遇到了哪些具体的难题呢？我们可以一起探讨看看有没有什么方法能让这个过程变得更容易一些。

我在准备下学期的教学计划时，发现班级里有部分学生数学基础较弱，而另一些学生则已经掌握了将要教授的内容，这让我总是在不断调整教学计划。

这种情况下确实挺难平衡的。😕您已经很努力地去适应学生们不同的学习进度了。或许可以考虑为学生们设计一些分层的任务或者小组活动，这样既可以让基础薄弱的学生得到更多的关注和支持，同时也能让已经掌握知识的学生有机会进一步提高。您觉得这样做是否可行呢？

关于分层的任务或者小组活动，具体要如何设计，你可以提供一些示例参考吗？

当然可以。😊对于分层任务，您可以根据学生的实际水平设定不同难度的问题或者项目。例如，对于数学基础较弱的学生，可以从基本概念复习开始，逐渐过渡到简单的应用题；而对于那些已经掌握内容的学生，可以提供更具挑战性的题目，比如开放性问题或者实际应用题。至于小组活动，您可以尝试让学生们在小组内互相帮助，基础好的学生可以作为小老师，带领其他同学一起学习。这样不仅能提高他们的合作能力，还能增强他们的自信心。您认为这样的方法适合您的班级吗？

好的，我会尝试一下这种方法。

很好，尝试新方法总是值得鼓励的。😊如果您在实施过程中遇到任何困难或者有任何疑问，随时欢迎来找我讨论。记得，每一步小小的尝试都是向前的一大步。您做得很好，我相信您的学生们也会感受到您的用心和努力。加油！

图5.12-3

第 3 步 更换智能体

在"发现 AI 智能体"页面中单击"心理顾问艾米"智能体，如图 5.12-4 所示。

图5.12-4

第 4 步 继续对话

按上述方式和它进行对话，获取心理调节方面的建议，如图 5.12-5 所示。

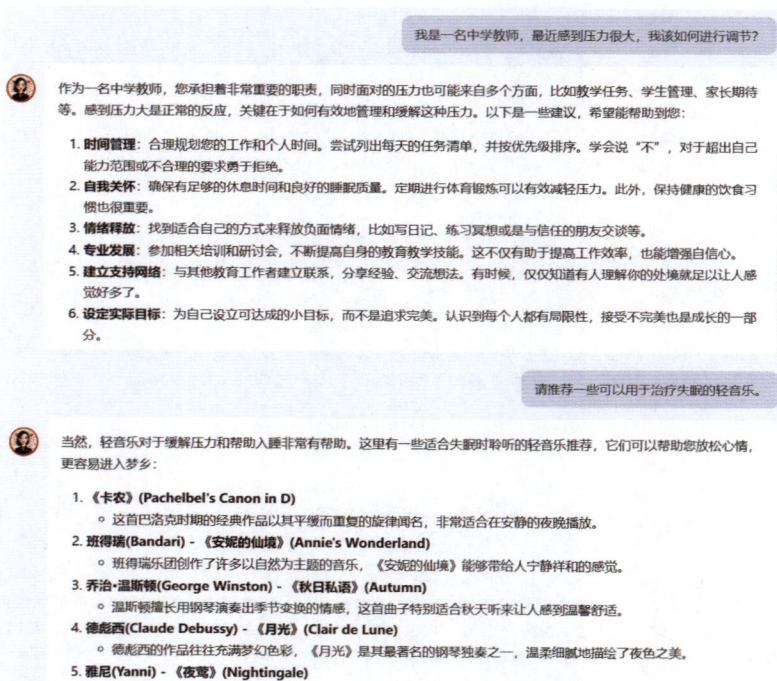

图5.12-5

> **Tips**
>
> 教师可以通过与不同类型的心理健康 AI 智能体对话来获取多样化的建议和支持。这些智能体可能具有不同的专长和功能，能够从多个角度帮助教师进行心理调适。
>
> 虽然 AI 工具可以在很多方面提供支持，但对于复杂的心理问题，寻求专业的心理咨询仍然是最有效的方式之一。